みんなでつなぐ
読み書き支援プログラム

井川典克／監修

高畑脩平・奥津光佳・萩原広道
特定非営利活動法人 **はびりす**／編著

フローチャートで分析、
子どもに応じた
オーダーメイドの支援

クリエイツかもがわ
CREATES KAMOGAWA

見やすく読みまちがえにくいユニバーサル
デザインフォントを採用しています。

「読むことが苦手だから繰り返し読む練習をする」
「書くことが苦手だから繰り返し書く練習をする」

　1960年代、アメリカの作業療法士Ayres博士は、学習の困難に対するこのような支援の在り方に疑問をもち、読み書きの基盤に何があるのか、つまり、読み書きはどのように発達するのかを実践と研究から明らかにしようとしました。

　それから約60年が経過したにもかかわらず、従来の繰り返し練習による支援はいまだに行われているようです。なかには、これが原因で学習そのものに嫌気がさしてしまっているお子さんもいます。特定非営利活動法人はびりすでは、そんなお子さんに対する学習支援プログラムを立案・実施してきました。

　読み書きを難しくしている背景を評価し、それをもとに問題を焦点化してアプローチするとともに、お子さんの強みを活かすオーダーメイドのプログラムを考え提供してきました。また、試行錯誤を経て得られた実践知を、学校教員をはじめ学習支援に携わる関連職種と共有してきました。

　連携先の学校教員からは、「読み書きが苦手な理由が、こんなにもいろいろあることに気がついた」「読み書きに対する指導に手応えをもてるようになった」などの嬉しい感想をたくさんいただきました。

　一方で、「読み書きが難しいお子さんに対して、どんな手順で評価し、どんな支援を行えば良いか、複雑すぎてわからない」「実践型の指南書が欲しい」「フローチャートのようなものがあれば使いたい」などのご意見をいただくこともありました。

たしかに、読み書きのトラブルは多岐にわたるので、これらを紐解き、支援を行うことは容易ではありません。一例として、読み書きに関する困りごとの具体例を、次ページに示します。

　そこで、評価から支援までの流れを体系的に整理した書籍をつくることにしました。本書の作成にあたっては、現場の支援者が、実際の支援・指導のアイデアを具体的にイメージできるように配慮しました。さらに本書は、医師、作業療法士、視能訓練士、ビジョントレーニングインストラクター、言語聴覚士、理学療法士、公認心理師、教員、当事者、保護者が一丸となって、それぞれの立場から意見を出し合い、みんなで検討を重ねながら作成されました。

本書の特徴

point 1
学習支援の
体系化

point 2
オーダーメイドの
支援

point 3
多職種の
専門性をつなげた
実践

　本書では、「読字編」「書字編」に分けて、それぞれ評価のフローチャートと評価に基づく支援プログラムの例を紹介します。

　2020年1月

特定非営利活動法人はびりす　理事
高畑脩平

読字トラブルあるある

文字に興味を
示さない

逐次（ちくじ）読みになる

読み飛ばし／
勝手読み

特殊音節を
読み間違える

似た文字を
読み間違える

読解できない

書字トラブルあるある

鉛筆を正しく
持てない

きれいに文字を
書けない

文字の
バランスが悪い

文字を
正しく書けない

聞いた音と文字が
一致しない

板書が遅い／
できない

読み書き支援に関わる**チームメンバー紹介**

　本書は、さまざまな専門職の力を合わせて作成されたものです。ここでは、本書の作成に関わった専門職を簡単に紹介したいと思います。

　いずれの職種においても共通のゴールとなるのは、読み書きの問題を多面的に理解し、現場に根差した実践的な支援を行うことで、お子さんの人生がより幸せで豊かなものになるようにお手伝いすることです。[※1]

職種名 英語名	紹介文 〈参考URL〉
医　師 (Medical) Doctor	医学に関する知識と技術をもって、公衆衛生の向上・増進や、健康な生活の確保を促す活動を行う専門家です。読み書き障害に関連する診断や治療、薬物・眼鏡の処方などを担います。 〈日本医師会〉http://www.med.or.jp
オプトメトリスト Optometry	視覚関連機能に関する知識と技術をもって、目の機能や目の使い方の問題に対して支援を行う専門家です。読み書きに必要となる視覚関連機能の評価や、ビジョントレーニングなどを担います。[※2] 〈World Council of Optometry〉 https://worldcouncilofoptometry.info
学校教員（教諭） Teacher	教科教育や生徒指導、進路指導などを通して、子どもたちの健やかで豊かな学びを支え促す専門家です。読み書きの問題について、チーム内で提案された支援を学校で実践する役割などを担います。[※3] 〈文部科学省〉「教員をめざそう」 http://www.mext.go.jp/a_menu/shotou/miryoku/1283833.htm
言語聴覚士 Speech-Language-Hearing Therapist	ことばによるコミュニケーションの問題や、摂食・嚥下の問題に対して支援を行う専門家です。読み書きに必要な言語や音声の処理過程などを分析して、評価や支援につなげます。 〈日本言語聴覚士協会〉https://www.japanslht.or.jp
公認心理師 Certified Public Psychologist	心理学に関する知識と技術をもって、心の健康を保持・増進するための活動を行う専門家です。読み書きに関連する認知機能や心理状態を評価したり、周囲の人の理解を促したりします。 〈公認心理師の会〉https://cpp-network.com

作業療法士 Occupational Therapist	身辺処理（食事・着替え等）、遊び、学習など、生活のなかで営まれる「作業」に焦点を当てて支援を行う専門家です。読み書きの活動全体に含まれる身体・認知機能や環境要因などを分析して、評価や支援につなげます。 〈日本作業療法士協会〉http://www.jaot.or.jp
視能訓練士 Certified Orthoptist	眼科領域において、視能矯正や視機能の検査などを行い、目の健康を支援する専門家です。読み書きに必要となる視機能の評価や、弱視・斜視の矯正などを担います。 〈日本視能訓練士協会〉http://www.jaco.or.jp
理学療法士 Physical Therapist	座る、立つ、歩くなど、生活のなかで必要となる基本的な動作に焦点を当てて支援を行う専門家です。読み書きでは、特にその土台となる姿勢バランス機能の評価や支援などに関わります。 〈日本理学療法士協会〉 http://www.japanpt.or.jp
保護者・家族 Parent / Family	当事者の最も身近な存在で、ときに当事者の困り感を代弁する役割を担う、「わが子」の専門家です。本書では、読み書き支援のチームメンバーとして、保護者が大活躍しています（詳細はP144〜）。
当事者 Child	当事者自身の生活について最もよく知っている「わたし」の専門家で、読み書き支援の主人公です。読み書きがより楽しくラクに行えるように、支援チームを活用する役割を担います。

※1 ほかにも、**オプティシャン、特別支援教育士、認定眼鏡士、臨床心理士**などの専門職が支援に関わることがあります。

※2 オプトメトリストは、欧米では国家資格になっていますが、日本ではまだ公的資格にはなっていません。視覚関連機能に関する検査や支援を専門的に行う国内の認定資格には、ビジョントレーニングインストラクターなどがあります。

※3 近年、教職員に加えて多様な専門性をもつスタッフが学校に参画することを通して、子どもたちの豊かな学びを支えるという「**チーム学校**」の考え方が提唱されています（中央教育審議会, 2015）。

Contents

Part1 読字編 — 13

Part2 書字編 — 51

読み書き支援プログラム集

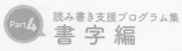

　発達障害が注目されて久しくなります。国の方針を受けて、厚生労働省と文部科学省がはじめに手掛けたのは、早期発見・早期診断だったと記憶しています。福祉や教育の配慮を受けるためには医療の診断が必要だったわけです。この功罪によって、子どもの多様性は診断名によって安易にカテゴリー化され、おまけにグレーゾーンという言葉やアスペルガーであってほしいという願望まで広がり、いまだに耳にします。

　これらは、関与を迷う観察者の視点がもたらしたものと思っています。当の子どもたちの気持ちや視点ではないのです。子どもたちの参加が大切です。診断名に過剰に依存したカテゴリー優先の支援ではなく、本人参加の支援が大切なのです。

　今日までに様々な支援のアプローチが出ました。でもその多くは、子どもたちの多様性を十分に考慮していないように感じます。多様性がある子どもたち一人ひとりにオーダーメイドの支援が必要になるのです。しかし、これはなかなか難しい試みです。教育や医療や福祉などが、それぞれの視点で頑張っていますが、それぞれの発想パターンから抜け切っていないように感じます。

　やはり、多様な子どもたちには、多様な職種のコラボレーションが必要だったのです。　こんなことを感じて悶々としていたのは私だけではないでしょう。

　そんなあなたに朗報が届きました。　待望の本書が、私たちの思考にパラダイムシフトをもたらしてくれるでしょう。

いかわクリニック院長（医師）　**井川典克**

Part 1

読字編

① 「読字」とは？

　本書を読まれている読者は、今まさに「読字」を行っています。文章を読み、内容を理解することで新たな知識を得ることができます。私たちが、当たり前のように行っている「読字」は、どのような過程を経て獲得されるのでしょうか？

　幼児期後半から学童期にかけて、読字能力は大きく発達します。大まかには、**1文字**が読めるようになり、**単語**が読め、**文章**が読め、そして**読解**ができるようになります。この読字の成熟過程を、**①読字の芽生え段階**と**②読字の熟達段階**に分けて以下に説明します。

❶ 読字の芽生え段階

　文字に興味をもち始めた頃の子どもが、文字を見つけて、それを嬉しそうに声に出して読んでいる姿をみかけます。

　読字の発達は、1文字を正確に読むことから始まります。正確に読める文字数が増えてくると、単語を構成している文字列すべてを読めるようになります。しかし、まだ1文字ずつの読字を組み合わせただけで、即座に意味を捉えることは難しい段階です（下図）。

❷ 読字の熟達段階

　読字が熟達してくると、文字列を単語のまとまりとして捉え、即座に意味と結びつけることができるようになります。

　単語をまとまりとして捉え、意味の情報が加わることで、流暢に読め、単語が意味するイメージも理解できるようになります（下図）。単語をまとまりで捉えられるようになると、文章を読むときにも流暢に読むことができるようになります。

次に、読字を行うときには、どのような情報処理がなされているのかを紹介します。読字の芽生え段階と読字の熟達段階とでは、処理されるパターンが異なることが知られています。

　まず、読字の芽生え段階では、「さかな」という単語を見たときに、「さ」「か」「な」と３つの文字（図形）を視覚的に分析する必要があります（下図①）。その後、「さ」「か」「な」というそれぞれの図形に対応する音（sa / ka / na）へと変換していきます（下図②）。さらに、sa / ka / naという音の組み合わせに対応する意味を探しつなげます（下図③）。つまり、文字（図形）と音と意味が組み合わさり「さかな（sa / ka / na）」というイメージができあがり、単語の意味を理解できるのです（下図④）。

　一方、読字の熟達段階では、単語をまとまりとして捉え、流暢に読むことができるようになります。「さかな」という文字列を視覚的に分析する際も、１文字ずつを捉えて変換するのではなく、「さかな」という文字列全体を1つの図形として捉え、意味へとつなげることができるようになります（下図⑤の矢印）。これが効率の良い読みで、流暢に読めている段階に該当します。

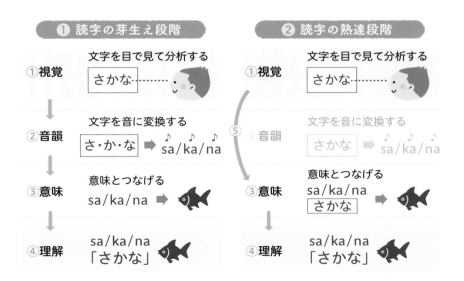

　文章を流暢に読むためには、単語をまとまりとして捉えて一気に読むことが必要です。著者らは、流暢に読める子どもと、たどたどしく読む子どものそれぞれにおいて、単語を音読する時の眼球運動の軌跡をアイトラッカー（視線分析装置）を用いて測定しました。

　その結果、流暢に読める子どもは、３〜４文字の単語であれば、単語の中心付近に１回焦点を当てて読む傾向にあったのに対し（下図の左）、たどたどしく読む子どもは、３〜４文字の単語であっても、１文字ずつに焦点を当てて読む傾向にあることがわかりました（下図の右）。これは、読字の熟達にともない、単語をまとまりとして捉える力が発達することを示唆します。

「単語を音読する時の
眼球運動の軌跡」

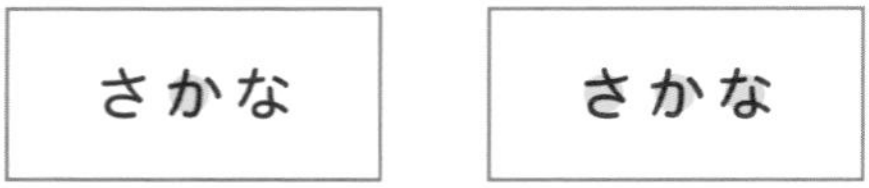 さかな	さかな
流暢に読む子ども	たどたどしく読む子ども

　また、単語をまとまりとして捉え、流暢に読めるようになる過程で、脳の活動領域も変化することが知られています。Shaywitzら（2002）は、読字障害児と定型発達児の読字時の脳活動を、機能的MRIを用いて比較検討しました。その結果、読字障害児がたどたどしく読んでいるときには、左頭頂側頭領域が、定型発達児が流暢に読んでいるときには、左側頭後頭領域が強く活動することが明らかになりました。

　１文字ずつ文字（図形）を音に変換しながら読む時には、左頭頂側頭領域が働き、単語をまとまりとして読む時には、左側頭後頭領域（Visual Word Form Areaと呼ばれています）が働くと考えられています（右図）。読字の成熟にともない、このように活動する脳領域も変化するようです。

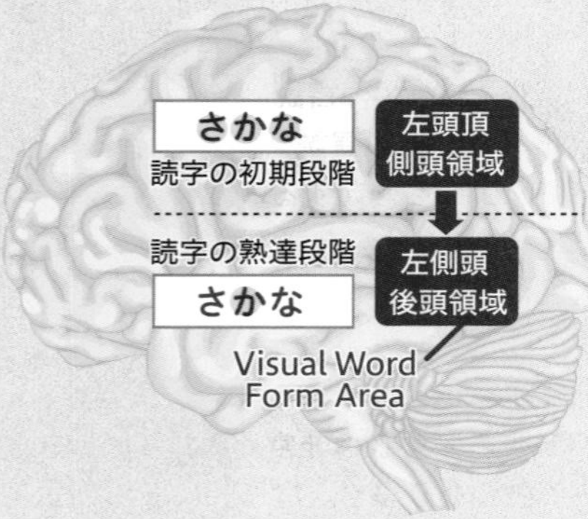

さかな
読字の初期段階

左頭頂
側頭領域

読字の熟達段階
さかな

左側頭
後頭領域

Visual Word
Form Area

2 読字障害の原因仮説

　ここまでをまとめると、読字は、①文字の形を視覚的に捉え、②音に変換し、③意味のまとまりごとに流暢に読むという 3 つのプロセスからなることがわかります。これらのプロセスのどこかで問題が生じると「読みが苦手」になります。

　これら 3 つのプロセスに対応するかたちで、読字障害には、①視覚関連機能の障害説、②音韻処理機能の障害説、③小脳の障害説の 3 つの原因仮説が主に提案されています。以下にそれぞれの仮説について紹介していきます。

> ① 文字の形を視覚的に捉え（視覚関連機能の障害説）
>
> ⬇
>
> ② 音に変換し（音韻処理機能の障害説）
>
> ⬇
>
> ③ 意味のまとまりごとに流暢に読む（小脳の障害説）

プチ
COLUMN　　『読字障害の原因仮説』

　読字障害の原因仮説には、上述の視覚関連機能の障害説、音韻処理機能の障害説、小脳の障害説以外にも、様々なものが提案されています。たとえば、急速聴覚処理障害説（急速に変化する短い音を捉えられないこと）、二重障害説（音韻を想起するスピードの障害に加えて、処理の自動化の障害が重複していること）、大細胞障害説（大細胞処理経路は、急速な時間的変化を含む物体の認知に関与しており、読字においては焦点を当てている文字よりも、その先の文章を先行して捉える役割がある。この機能が障害されていること）などがあります。しかも、それぞれの原因仮説にサブタイプが存在するため、読字障害の背景は非常に複雑です。そのため、評価－支援の方法には多様な選択肢があります。

参考：稲垣（編著）（2010）

① 読字における視覚関連機能とその問題

　読字は、文字列を目で捉えることから始まります。網膜で捉えた情報は視神経を通って大脳の視覚野へと伝わり、さらに処理されていきます。それらの過程には複数の視覚関連機能が関わっています。

　視覚関連機能は、**視機能**と**視覚情報処理**に大別されます。視機能は、目の仕組みや目の運動機能のことです。視覚情報処理とは、より中枢での処理を含んだ、**視知覚**や**視覚認知**のことを指します。これらのどこかで問題をきたすと「読字の問題」が生じます。

　視覚の情報処理のプロセスをイメージし、その過程に沿った評価を行うことが重要です。

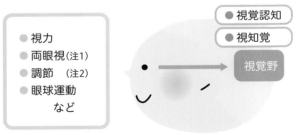

視覚関連機能

視機能	視覚情報処理
❶視力や視野を得るために必要な目の仕組み（例：屈折、瞳孔の大きさや水晶体の厚みの調節など） ❷目の運動機能 （例：両眼視、調節、眼球運動など）	❶網膜からの視覚情報の受け取り ❷視知覚（視覚情報を要素的に分析する） ❸視覚認知（得られた視覚情報を解釈する）

● 視力
● 両眼視（注1）
● 調節　（注2）
● 眼球運動
　　　　など

● 視覚認知
● 視知覚
視覚野

参考：奥村ら（2010）

注1）両眼視とは、右目と左目のそれぞれで捉えた像を統合して捉えることを指します。
注2）調節とは、毛様体筋の働きにより水晶体の厚みを調節してピントを合わせることを指します。

② 読字における音韻処理とその問題

　文字を視覚的に捉えた後は、それらを音に変換していきます。この変換を**デコーディング**といいます。デコーディングができるためには、話し言葉を音韻、音節などの小さい単位に分解したり、操作したりする力が必要になります。このようなはたらきを**音韻処理機能**といいます。例えば、「さかな」という言葉を聞いて、「さ」「か」「な」とばらばらにできることなどを指します。

　さらに読字に必要な音韻処理機能の基盤として**聴覚機能**が挙げられます。例えば、聴覚機能が正常に働き、音を弁別できること（これが難しいと、「さかな」が「たかな」などと聞こえます）などを指します。このように、音を適切に聞き取れることが音韻処理の前提になります。

　聴覚－音韻処理についても、視覚と同様に情報処理のプロセスをイメージしながら評価することが重要です。

聴覚－音韻処理機能

聴覚機能
❶聴力を得るために必要な耳の仕組み
❷言語音と環境音の区別

音韻処理機能
❶音の弁別
❷音韻分解・音韻抽出・音韻操作
❸音韻ループ／ワーキングメモリ

聴覚野
● 音韻ループ／ワーキングメモリなど

聴　力

言語音と環境音の区別

● 音の弁別
● 音韻分解
● 音韻抽出
● 音韻操作 など

参考：秦野（2001）

読字障害は**単語認知の自動化の問題**（流暢に読めない）であり、その原因は小脳の問題に関連しているという仮説です。小脳は、姿勢バランス機能や運動制御に加えて、認知にも関わる脳部位です。この仮説では、読み書き障害者がもつ様々な困難を視野に入れ、それらの困難の根底に小脳のバランス機能や情報の高速処理（自動化）の問題があると考えます（窪島, 2005）。

小脳の障害説は比較的新しい仮説で、1990年代はじめにイギリスのNicolson博士やFawcett博士により提唱されました。海外では多数の研究報告がある一方で、日本では研究報告が非常に少ないのが現状です。ちなみに、著者らの研究では、姿勢・協調運動の問題が、読字の問題の背景のひとつになっていることが示唆され、この仮説を支持する結果が得られています（奥津ら, 2019; 高畑ら, 2019）。

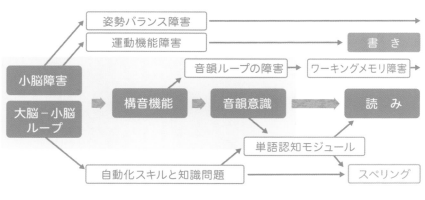

小脳の障害説

小脳障害モデル（Nicolson & Fawcett, 2011）を参考に筆者作成

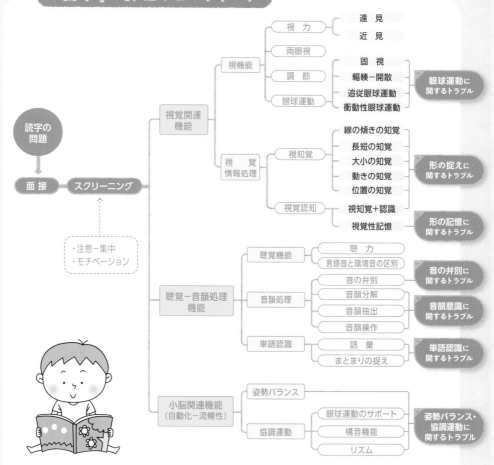

「読字」の評価フローチャート

- 読字の問題 → 面接 → スクリーニング
  - ・注意−集中
  - ・モチベーション

- 視覚関連機能
  - 視機能
    - 視力
      - 遠見
      - 近見
    - 両眼視
    - 調節
    - 眼球運動
      - 固視
      - 輻輳−開散
      - 追従眼球運動
      - 衝動性眼球運動 → 眼球運動に関するトラブル
  - 視覚情報処理
    - 視知覚
      - 線の傾きの知覚
      - 長短の知覚
      - 大小の知覚
      - 動きの知覚
      - 位置の知覚 → 形の捉えに関するトラブル
    - 視覚認知
      - 視知覚＋認識
      - 視覚性記憶 → 形の記憶に関するトラブル

- 聴覚−音韻処理機能
  - 聴覚機能
    - 聴力
    - 言語音と環境音の区別 → 音の弁別に関するトラブル
  - 音韻処理
    - 音の弁別
    - 音韻分解
    - 音韻抽出
    - 音韻操作 → 音韻意識に関するトラブル
  - 単語認識
    - 語彙
    - まとまりの捉え → 単語認識に関するトラブル

- 小脳関連機能（自動化−流暢性）
  - 姿勢バランス
  - 協調運動
    - 眼球運動のサポート
    - 構音機能
    - リズム → 姿勢バランス・協調運動に関するトラブル

視力（遠見・近見）に関するトラブルは、眼科医や視能訓練士、オプトメトリスト、ビジョントレーニングインストラクターの、聴覚機能（聴力、言語音と環境音の区別）については、耳鼻咽頭科医や言語聴覚士の専門的な評価を受けることをすすめます。協調運動に関しては、本書では十分に説明する紙幅がないので、オススメの文献を後ほど紹介しています（p182）。

- ●読字障害の３つの仮説に基づき、評価のフローチャートを作成しました。ただし、臨床現場では、学習に取り組む前段階で困っているお子さんにもたくさん出会います。
  前段階とは、「覚醒レベルが不安定で、集中して取り組めない」「課題に対するモチベーションが低い」「課題への不安が強い」などです。本書では取り扱える紙面のスペースがありませんが、これらを考慮することも重要です。

フローチャートの活用方法

　読字編では、このフローチャートに沿って評価を説明していきます。分岐点でどのような評価を行い、得られた結果からどのようにその次の評価を構成すれば良いかを考えられるように工夫しました。そして、辿り着いた先を「〇〇のトラブル」として整理しています。〇〇のトラブルまで特定できれば、後半のプログラムページ（p70〜）でそのトラブルにオススメの支援の例を参照することができます。

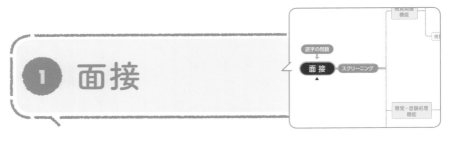

1 面接

　「本を読むのが苦手なようです」「国語が嫌いみたいです」

　ご相談に来られる保護者の訴えは、このような内容から始まります。苦手、嫌いの背景には様々な要因が含まれています。そのため、面接を通して「具体的にどの部分に困難さが生じているのか」を理解し、「その困難さの背景にどのような認知機能・感覚運動機能の問題があるのか」を探り、評価を深めるべきポイントを焦点化していくことが大切です。

　焦点化することで、検査の時間や量を減らすことができ、子どもや保護者に必要以上の負荷をかけずにすみます。また、すでに受けた知能検査などの結果を有効活用することも大切です。

1	2	3
読字のつまずき部分の聞き取り	読字に関連する機能の聞き取り	知能検査の結果を有効活用

1―読字のつまずき部分の聞き取り

　読字困難の要因は多岐にわたります。そのため、具体的にどの要因でつまずいているのかを、系統的に探っていく必要があります。下図は、読字の問題について聞き取るときの枠組みの一例です。

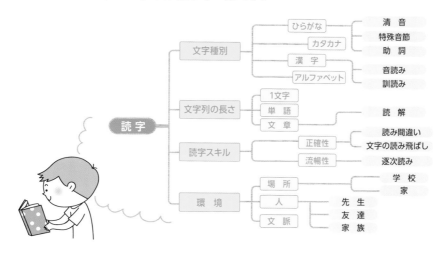

　聞き取りの観点には、**文字種別**（ひらがな、カタカナ、漢字、アルファベット）、**文字列の長さ**（1文字、単語、文章）、**読字スキル**（正確性、流暢性）など、様々なものがあります。例えば、読字の困難さの中にも、「文字の読み飛ばしが多い」といった正確性の問題なのか「逐次読みになる」といった流暢性の問題なのかを、系統立てて聴取することが大切です。

　加えて、**環境**の評価も重要です。どこで取り組むか（学校、家）、誰と一緒に取り組むか（先生、友達、家族）、どのような文脈で取り組むか（例えば、好きなアニメの漫画をどうしても読みたい）によって、読字のパフォーマンスは大きく異なるからです。

　このように、読字の問題の全体像を意識しながら、どの部分が苦手か、あるいは、どのような条件が揃うと読みやすくなるのかを整理しながら聞き取りを進めていく必要があります。

2—読字に関連する機能の聞き取り

　読字のどの部分につまずきがあるのかの聞き取りに加えて、読字に関連する認知機能・感覚運動機能についての聞き取りも重要です。

上記のフローチャートに沿って
ⓐ～ⓒに分け質問例を記載します。

ⓐ 視覚関連機能
- 光をまぶしがる
- 動く物を目で追うことが苦手
  （例：ボール遊び、しっぽとりなど）
- 探し物を見つけられない
- 図形を記憶できない

ⓑ 聴覚－音韻処理機能
- 音の聞き間違いや聞き直しが多い
- 言葉の発達の遅れ
- 言葉遊びができない
  （例：しりとり、逆さ言葉）
- 聞いたことを覚えていない

ⓒ 小脳関連機能（自動化－流暢性）
- 構音が不明瞭　　・姿勢バランスを保てない
- 協調運動の問題　・リズムをとることが苦手

🖐 知能検査から得られる情報

代表的な知能検査であるWISC-IVでは、「言語理解」「知覚推理」「ワーキングメモリ」「処理速度」の4領域について、指標が算出されます。

例えば、言語理解の項目が著しく低下しているようであれば、**そもそも語彙が少なくて読めない**のかもしれません。また、知覚推理の項目が著しく低下しているのであれば、**文字（図形）の捉えが難しい**のかもしれません。ワーキングメモリが著しく低下しているのであれば、**内容の即時的な記憶ができず読解が難しい**のかもしれません。処理速度が著しく低下しているのであれば、文字から音への変換に時間がかかって**流暢に読むことが難しい**のかもしれません。

このように、読字の問題について焦点化していくためのおおまかな指針をつかむにあたって、WISCの結果は有益な手がかりの一つとなります。

プチ COLUMN
『読字障害の子どもたちのWISC−Ⅳの成績の特徴』

読字障害と診断された子どもたちと読字に問題がない子どもたちのWISC-IVの成績を比較した研究では、読字障害群で、「言語理解」「ワーキングメモリ」「全検査IQ」の得点に低下がみられました。特にワーキングメモリの問題が指摘されています。　　引用：Wechsler（日本版WISC-Ⅳ刊行委員会 訳編）（2010）

2 スクリーニング検査

　読字が苦手であれば、まずはどの程度読めるのかをチェックすることから始めましょう。読字の能力を評価する検査には、以下のようなものがあります。

1	ひらがな音読検査	（稲垣ら, 2010）
2	改訂版 標準 読み書きスクリーニング検査（STRAW-R）	（宇野ら, 2017）
3	KABC-Ⅱ 習得度検査	（Kaufman & Kaufman, 2004）
4	小中学生の読み書きの理解（URAWSS Ⅱ）	（河野ら, 2017）
5	包括的領域別読み能力検査（CARD）	（玉井ら, 2014）

※各検査の詳細はp180をご参照ください

　本書では、私たちが実践の中で使用している「ひらがな音読検査」について紹介したいと思います。この検査の特徴は、短時間で実施できるため、臨床現場で使用しやすいことです。

　一方で、ひらがな音読に特化した検査のため、面接の段階で「カタカナ」や「漢字」の読みが困難であることがわかっていれば、これらの文字種も含めた評価が必要となります。その場合、「改訂版 標準 読み書きスクリーニング検査」を併用する必要があります。

🌰 ひらがな音読検査課題

ひらがな音読の正確性・流暢性を評価する検査です。検査は以下の4課題から構成されています。

テスト	単音連続読み	有意味語速読	無意味語速読	単文音読
読みの内容	50文字	30語	30語	3文

この検査は約10分で実施でき、小学校1年生から6年生までの標準値も示されているので、スクリーニング検査として用いやすいと思われます。また、単音、単語、単文のどの段階から読みが難しくなるのかを評価できるので、その結果をもとに次の評価項目を選択しやすいのが特徴です。

評価の流れは、以下のようにまとめられます。

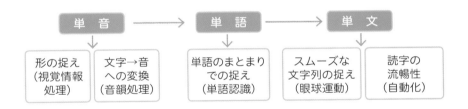

❶ **単音の読みが難しい場合**：「文字（図形）の捉えが難しい」ことや「文字から音への変換が難しい」ことが主な原因と考えられます。
❷ **単語の読みが難しい場合**（単音は読める）：「単語をまとまりとして捉えることが難しい」ことが主な原因と考えられます。
❸ **単文の読みが難しい場合**（単音・単語は読める）：「スムーズな文字列の捉えが難しい」ことや「読字の流暢性」の問題が主な原因と考えられます。

3 視覚関連機能

　視覚関連機能の問題は、**「視機能の問題」**「**視覚情報処理の問題」**に大別されます。視機能とは「適切な視覚情報を伝えるために必要な目の働き」のことを指し、屈折異常の有無、瞳孔の働き、網膜の働き、両眼視、調節、眼球運動などの機能が含まれます。

　視覚情報処理とは、網膜で受け取った光情報に、意味や関係性を付与していく過程であり、視知覚、視覚認知を指します。このような、視覚における情報処理過程の全体像をイメージしながら評価を進めることが大切です。

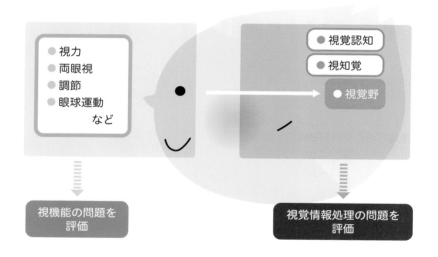

プチ COLUMN 『視覚の問題は人それぞれ』

後藤ら（2010）は、発達性読み書き障害の子ども20名に対して、複数の視覚関連機能の評価を行いました。その結果、20名全員に問題があったのは、**「傾きの知覚」**と**「視覚性記憶機能」**でした。また、この結果から、**「視覚の問題も人それぞれである」**ということが示唆されます。

視覚関連機能の詳細なアセスメントと、その結果に基づく支援の実施が必要です。

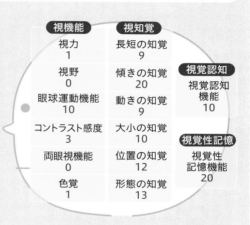

視機能	視知覚	
視力 1	長短の知覚 9	
視野 0	傾きの知覚 20	**視覚認知** 視覚認知機能 10
眼球運動機能 10	動きの知覚 9	
コントラスト感度 3	大小の知覚 10	**視覚性記憶** 視覚性記憶機能 20
両眼視機能 0	位置の知覚 12	
色覚 1	形態の知覚 13	

▲20人の内、問題が認められた人数

プチ COLUMN 『アーレンシンドローム』

「文字が動く」「文字がにじむ」「文字に色がつく」と訴えを起こす読字障害の子どもに出会うことがあります。これらの視知覚の異常は、Scotopic Sensitvity Syndrome（光の感受性障害）として報告され、現在では**アーレンシンドローム**として、日本でもその概念が知られるようになってきました。アーレンシンドロームの主症状には、「印刷物上の文字が歪んで見える」「文字が動いて見える」「印刷物の白い背景の部分が文字を侵食するように見える」などがあります。このような症状は、学習に著しい問題を引き起こします。アーレンシンドロームの出現率は発達性読み書き障害児のなかの、30〜45%と報告されています。

アーレンシンドロームの詳細なメカニズムは明らかになっていませんが、遮光レンズや有色フィルターを用いて目に入る光の波長を制御することで、読字が劇的に改善されることが多いです。

参考：Irlen, H（熊谷ほか訳編）（2013）

4 視機能の評価

　視機能の評価は、視力（遠見／近見）、視野、屈折、瞳孔径、色覚、コントラスト感度、眼位などの**目の仕組み**と、両眼視、調節、眼球運動（輻輳－開散／追従眼球運動／衝動性眼球運動）など筋肉によりコントロールされる**目の運動系**（注3）に大別されます。

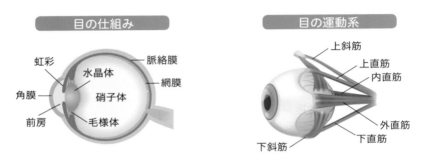

目の仕組み

虹彩　脈絡膜
水晶体　網膜
角膜　硝子体
前房　毛様体

目の運動系

上斜筋
上直筋
内直筋
外直筋
下直筋
下斜筋

　これらのどこかに不具合が生じると、「見ること」さらには「文章を読むこと」に困難さが生じます。そのため、詳細なアセスメントが必要です。

　目の仕組みに関しては、眼科医やオプトメトリスト、オプティシャン、視能訓練士などの専門家による評価が必要です。目の仕組みに問題がある場合、屈折異常や光過敏に対応した眼鏡をかけることで読字の困難さが改善されることもあります。

　一方、目の運動系に関しては、家庭や教育現場で実施可能な評価が多数あります。次ページからは、その中でも読字障害と関連しやすい眼球運動の問題に着目して、評価の方法を紹介します。

注3）目の運動系は小脳による調整を受けるため、小脳関連機能の評価（p45〜）もご参照ください。

5 眼球運動の評価

眼球運動には主に、❶固視、❷輻輳
−開散運動、❸追従眼球運動、❹衝動
性眼球運動があります（注4）。それぞ
れについての特徴と簡便な評価の方法
を紹介します。

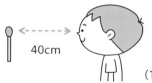

図）眼球運動の発達

❶ 固視

• 固視とは、1点のターゲットを視野の中心で持続的に捉え続けることをい
います。輻輳−開散運動、追従眼球運動、衝動性眼球運動などの眼球運動
は、この固視をベースに発達します。

（10秒の固視ができることが望ましい）

検査者は、お子さんの眼前40cmにできるだけ小さなターゲット（鉛筆
の先など）を提示し、見続けるよう指示します。
視線がターゲットから外れていかないか、顔や頭が傾いていないか、過
剰な上目づかい、下目づかいがないかなどを観察します。

注4）眼球運動には、これら4つ以外に前庭−動眼神経反射もあります。この反射は、頭の位置の変化
（前庭覚）に応じて、見ている対象が視野の中心に留まるように眼球運動を生じさせるものです。
このはたらきに問題があると、頭の動きに伴い視野がブレることになります。本書では詳しく
扱いませんが、前庭−動眼神経反射の理解と支援に関しては、高畑ら（2019, p118）をご参
照ください。

●斜視の場合、両眼固視ではなく、片眼固視になります。
●両眼のチームワークが弱い場合、固視を持続することが困難になり、どちらかの目が外転する（外側にずれる）様子が観察されます。

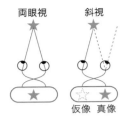

両眼視　斜視

仮像　真像

❷ 輻輳−開散運動

• 見ている物との遠近距離に応じてピントを合わせる運動を指します。特に、読み書きにおいては、近くを見るための輻輳（寄り目の動き）が重要となります。輻輳は、対象物を近づけていき、ピントがぼけないギリギリの距離（輻輳近点）を調べることで評価します。

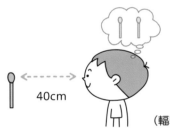

40cm

（輻輳近点の正常値〈目安〉：5cm）

　検査者は、お子さんの顔から40cm離れた地点から小さなターゲットを近づけます。ピントが合わずターゲットが2つに分かれてしまう瞬間を答えさせ、その時の目からの距離を測定します。同時に、検査者は、目が外側へ離れるポイント（ブレイクポイント）を観察します。

　この一連の手順を3〜5回繰り返します。ターゲットを遠ざけるときに二重に見えてしまう場合は、開散不全を有する内斜位（常に寄り目の状態）の傾向にある可能性があります。また、検査を繰り返す中で輻輳近点が遠ざかる場合は「輻輳衰弱」といい、輻輳の耐久性に問題があることが示唆されます。

●支援方法の別れ道

　ここで重要になるのは、専門機関へつなぐべきなのか、家庭や学校での支援で対応できる範囲なのかを判断することです。特に輻輳－開散運動が難しいと、両眼視（両眼のチームワークを使って対象物を捉えること）ができず、像が歪んでしまいます。

　この度合いが強い場合、専門機関へつなぎ、さらに詳細な検査（カバーテストをして斜視・斜位を評価するなど）を行ったり眼鏡の作成を検討したりすることが必要です。専門機関へつなぐ際の目安として、以下を参考にしてください。

- 輻輳近点が20cm（寄り目が極度に苦手）
- 遠くのターゲットも近くのターゲットも二重に見える
- ３か月間支援を行っても改善が見られない

（専門機関一覧が掲載されているホームページ）
ジョイビジョン奈良：https://www.joyvisionnara.com/visual-perceptualskill

❸ 追従眼球運動

- ゆっくり動く物を目で追いかけるなど、視線を滑らかに移す運動のことをいいます。読字においては、文字列を１文字ずつ正確に捉えるときに重要な役割を果たしています。

　ここでは、簡便に実施でき、かつ採点基準が明確な**SCCO**（Southern California College of Optometry）**4＋システム** (Quevedo-Junyent, 2010) を紹介します。

手順

❶文字やマークが書かれたターゲット（およそ0.8～１cmの大きさ）をお子さんの眼前40cm地点に提示する。

❷ターゲットを固視するように指示する。ターゲットを水平・垂直・

斜め（右上⇆左下、左上⇆右下）の合計４方向にゆっくりと動かす（毎秒10cm程度）。

❸ ターゲットは、各方向に10cm以内（例えば水平方向の場合は、右に10cmと左に10cm）に収めるようにする

❹ もし頭を動かしてしまった場合、頭を動かさないように再度指示して検査を繰り返す。２回目の結果を採用するが、１回目に頭を動かしたことも記録に残しておく。

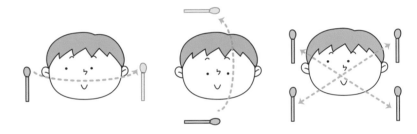

〔採点基準（3＋以上で合格）〕

4＋　１回も見失うことなく、滑らかで正確な追従運動
3＋　１回見失った
2＋　２回見失った
1＋　２回以上見失った／２回目も頭を動かした

❹ 衝動性眼球運動

- ある点から別の点へと視線を素早く移す運動のことをいいます。文章を流暢に読むためには、固視と衝動性眼球運動の組み合わせ（単語のまとまりごとに視線を移動させること）が重要だといわれています。

　ここでも、SCCO（Southern California College of Optometry）4 ＋システムの検査方法、採点基準を紹介します。

❶お子さんの眼前40cm地点に、文字やマークが書かれた 2 つのターゲット（およそ0.8cm 〜 1 cmの大きさ）を互いに15cm離して対に提示する。

❷頭を動かさずに、 2 つのターゲットを素早く交互に見るよう指示する。垂直・水平・斜め（右上⇆左下・左下⇆右上）の合計 4 方向を行います。

❸1 〜 2 往復（2 〜 4 回）練習した後、続けてさらに 5 往復（10回）を本番として実施する。

❹もし頭を動かしてしまった場合、頭を動かさないように再度指示して検査を繰り返す。 2 回目の結果を採用するが、 1 回目に頭を動かしたことも記録に残しおく。

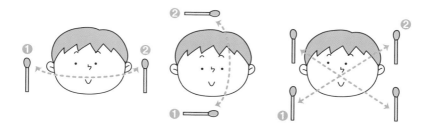

〔採点基準（3＋以上で合格）〕

4＋　正確（追い足し／追い越しなし）（注5）

3＋　若干の追い足し

2＋　大きな追い足し／何らかの追い越し

1＋　タスクを成し遂げられない／反応時間が遅い／2回以上見失った
　　　／2回目も頭を動かした

　ほかに、眼球運動の問題の程度を客観的な数値として算出できる評価もあります。以下に紹介します。これらの検査方法および日本人の標準値は奥村ら（2010）の中で示されています。

1　NSUCO（Northeastern State University College of Optometry Oculomotor Test）
(Maples & Ficklin, 1988)

2　DEM（Developmental Eye Movement Test）
(Tassinari & DeLand, 2005)

※各検査の詳細はp180をご参照ください

　❶固視、❷輻輳−開散運動、❸追従眼球運動、❹衝動性眼球運動のいずれかに困難さがあれば、眼球運動のトラブルと考えられます。

眼球運動に
関するトラブル

注5）**追い足し**とは、ターゲットに対して視線が届かないことを、**追い越し**とは、ターゲットに対して視線が行き過ぎてしまうことを意味しています。

　視機能の評価は、大きくは「視力」「屈折異常の有無」「両眼視機能」「調節力」「眼球運動」「アーレンシンドロームの有無」などに分けられます。これらの評価は、単独の問題として捉えられがちですが、それぞれの機能は互いに関連しているため、問題の背景にあるつながりを意識することが重要です。

　例えば、眼球運動が弱い場合、「眼球運動が拙い→眼球運動トレーニング」という見立てではなく、眼球運動の基盤である固視や両眼のチームワークの弱さはないか、ターゲットをハッキリ見るための視力に問題はないかなどをチェックする必要があります。また、輻輳−開散運動は調節力と密接な関係にあるため、これが弱い場合には、調節力のチェックが必須項目となります（調節時は輻輳が喚起され、開散時は調節が緩みます）。顕在化している視機能の問題には、その由来となる別の視機能の問題が隠れていることが多いため、1つの事象を多面的・重層的に捉えていくことが重要です。代表的な可能性として、下記の項目が挙げられます。

- ●輻輳が弱い⇆近視未補正・調節力が弱い・外斜位・上斜位
- ●開散が弱い（輻輳過剰）⇆遠視未補正・調節が過剰・内斜位
- ●眼球運動が拙い⇆視力低下・固視の弱さ・輻輳−開散運動の弱さ・斜位

　これらの関連性は一つひとつの検査結果を俯瞰してみることによって統合的に理解できます。

　そうすることで、困り感の元となっている中核的な機能にアプローチするような支援プログラムを立案することができます。また、眼鏡などが必要な場合には専門機関へつなぐのことが可能になるなど、子どもにとってより効果的な支援方策を提示できます。

　以上の考え方は、アーレンシンドローム（p29参照）にもいえることです。カラーフィルターやカラーレンズのみで、ある程度の改善が見られる場合、他の視機能の問題が重複していても見落とされがちです。視機能の諸問題を解決・軽減することで、字の動き・歪み・眩しさが解決されるケースも多いので、アーレンシンドロームの子どもにも、視機能の問題がないかをチェックしておきましょう。

　読字や書字に困難がある子どもにとって、このような視機能の諸問題を解決・軽減することは、絡み合った問題の鎖を解きほぐす有効な方策の1つです。

6 視覚情報処理の評価

　視覚情報処理には視知覚・視覚認知が含まれているので、評価すべきポイントは広範囲に及びます。

　はびりすでは、DTVP II（Hammill, 1993）とWAVES（奥村＆三浦, 2014）を実施してきました。ここでは、日本で開発されたWAVESを紹介します。

● **WAVES**（Wide-range Assessment of Vision-related Essenntial Skills）

　検査名の通り Wide-range（広範囲）に視覚関連機能を評価することができるため、有用性が高い評価です。右の表に、「下位検査」と「関連する機能」を示します。

　この中で、読字と特に関連が深い下位検査（入力系の検査）と、そのトラブルの例を下記に示します。例えば、「形あわせ・形さがし・

	下位検査	関連する機能
基本検査	線なぞり	目と手の協応
	形なぞり	
	数字見比べ	視覚的注意／眼球運動
	形あわせ	視知覚（弁別）
	形さがし	視知覚（図と地）
	形づくり	視知覚（形態完成）
	形みきわめ	視知覚（分析・複雑な弁別）
	形おぼえ	視覚性記憶
	形うつし	図形構成
補助検査	大きさ・長さ位置・傾き	要素的視覚分析

形づくり・形みきわめ」の得点低下は図形の捉えが難しいことを、「形おぼえ」の得点低下は図形の記憶が難しいことを、「数字見比べ」の得点低下は眼球運動が難しいことをそれぞれ示していると考えられます。

（p31〜36参照）

7 聴覚－音韻処理機能

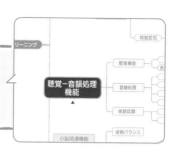

　読字において、視覚関連機能により文字の形態を正確に認識できれば、次はその情報を音に変換していくことになります。この変換には、**音韻処理機能**が必要です。また、この処理の基盤にあるのが**聴覚機能**です。これらの情報処理過程をイメージしながら評価を行う必要があります。

　さらに、1文字と1音の変換が成熟してくると、次第に単語をまとまりとして捉え、流暢に読むことができるようになります。ここでは、以下の3ステップに分けて評価の進め方を紹介したいと思います。

聴覚機能

音がしっかりと聞こえ
言語音と環境音の違いが区別できる

え

↓

音韻処理

語音を弁別できる

/ ta / ⟷ / sa /

「た」と「さ」の音の違いがわかる

1文字ずつの音を意識でき
形態を音に変換できる

え ん ぴ つ
/e / / n / / pi / / tsu/

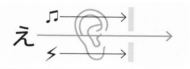 意味の情報と合わさる

単語認識

単語をひとまとまりとして
捉える

えんぴつ
/enpitsu/

聴覚機能は、**聴力**（音がしっかりと聞こえているか）と、**言語音と環境音の区別**（雑音の中から言語音だけを拾えるか）に大別されます。聴力に関しては、耳鼻咽喉科医や言語聴覚士により詳細な評価を得ることができます。

言語音と環境音の区別に関しては、「感覚プロファイル」という質問紙による検査（Dunn, 1999〈辻井監訳, 2015〉）の中の「聴覚フィルタリング機能」の質問項目が参考になります。静かな場所と騒がしい場所とでは、聞き取る力に大きな差があることなどが気づきのポイントになります。

● **純音聴力検査**（原ほか, 2017）

学校での耳鼻咽喉科検診の中で実施される一般的な聴力検査です。低音（1,000Hz、30dB）と高音（4,000Hz、25dB）が左右の耳で聞こえるか測定します。　　　　　　　※音の高さ（周波数、Hzで表示）と音の大きさ（dBで表示）

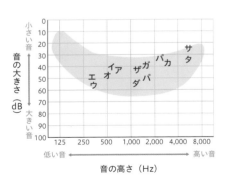

人が聞き取ることができる音域

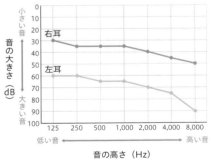

学校で受ける聴力検査の結果
（よく目にするグラフ）

前ページの左側の図は、スピーチバナナといい、人が言語音として聞き取ることができる音域を示したものです。縦軸を音の大きさ（dB）、横軸を音の高さ（Hz）で表しており、色が付いているバナナ型の部分が、人が聞き取ることのできる音域とされています。

　さらに、言語音では音の種類によって聞き取ることのできる音域が異なります。例えば、「サ行」「夕行」は、近い領域にあることから、聞き間違いが起こりやすいことが想定されます。また、どちらも高い音に分類されるため、高い音を聞き取りにくい子どもにとっては、さらに聞き間違いが起こりやすくなります。実際、「さかな」を「たかな」と聞き間違えやすいのも納得できます。

　聴力検査の結果、高い音が聞き取りにくいと考えられる子どもの場合、「サ行」と「夕行」の違いがわかりにくくなる可能性があることを想定しながら評価を進める必要があります。

9　音韻処理機能の評価

●語音弁別検査（細井＆山下, 2017）

　語音をどれだけ正確に聞き分けられるかを測定する検査です。使用する語音は、67-S表（簡易版）に基づき提示します。専用のCDを用いて、提示する音の大きさ（dBで記載）を変えても聞き分けられるかを評価します。

　子どもには、聞き取れた音を、ひらがなもしくはカタカナで書き出すように指示します。

単音節の語音表〔語音弁別検査用〕

1表　アキシタニヨジウクス／ネハリバオテモワトガ
2表　キタヨウスハバテワガ／アシニジクネリオモト
3表　ニアタキシスヨクジウ／オネバハリガテトワモ
4表　テネヨアキジハモシウ／リワタクバトニスオガ
5表　ネアテヨハキモジリシ／ワウバタトクオニガス
6表　ニクリモテアジハトガ／ワネウオバスヨシタキ
7表　ワバスタニトリジアキ／モネウシヨガハオテク
8表　テキワタガアモシトニ／ヨハウバスネジリクオ

ことばのきこえ方検査用紙（語音弁別検査）／67-S語表用

氏名 ○○○○○　検査 右耳／左耳　'99 年 4 月 6 日検査
語音弁別能 75 dBにて 60 %
きこえた通り横に書いて下さい

第1表 呈示レベル 90 dB　マスキング 50 dB　語音明瞭度 55 %
第2表 呈示レベル 75 dB　マスキング 35 dB　語音明瞭度 60 %
第3表 呈示レベル 60 dB　マスキング 20 dB　語音明瞭度 25 %
第4表 呈示レベル 45 dB　マスキング＿＿＿ dB　語音明瞭度 0 %

引用転載：細井＆山下（2017）『聴覚検査の実際』改訂4版（南山堂）より

　しかし、実際には、「書き出す」ことが難しい場合も多くあります。そのような場合には、以下のように絵カードを用いて評価を実施することもあります。

❶「絵」と「単語」が一致しているかを確認する
　（例：りんごの絵を指差して「これは何？」と問う）
❷検査者が語音を提示する（例：「り」から始まるのはどれ？と問う）
❸お子さんは、その語音から始まる単語に当てはまる絵を指差す
　（例：「りんご」を指差す）

音の聞き分けが難しいと、「さかな」と「たかな」のように、似た**音を聞き間違える**ことが多くなります。そのため、聞き返しも増えやすくなります。

音の弁別に
関するトラブル

●**読み書き困難児のための音読・音韻処理能力の簡易スクリーニング検査**

（ELC：Easy Literacy Check）（加藤ほか, 2016）

　音読能力と音韻処理機能を評価するための検査です。検査は以下の課題から構成されています。

	テスト	方　法	評価のポイント
1	短文音読課題	文章を音読する	音読の特徴を捉える
2	音韻操作課題	逆唱：3文字の単語・非語を逆順で音読する（4問） 削除：4文字の単語・非語から特定の文字を除いて音読する（4問）	音韻意識
3	単語・非語 音読課題	単語・非語を音読する	デコーディング （文字→音の変換）

　この中で、逆唱（"かめら"を逆から読むと？）や削除（"たまねぎ"から"た"をとると？）が難しい場合、1音ずつを意識したり音を操作したりするという、音韻意識（注6）に問題があることが示唆されます。

音韻操作課題
（逆唱・削除の得点低下）

音韻意識に
関するトラブル

注6）音韻意識とは、「言語の音韻情報を意識し、それを利用すること」と定義されています（Mattingly, 1972）。音韻分解、音韻抽出、音韻操作などの土台に位置するため、本書では音韻意識のトラブルとしてプログラムページに紹介しています。詳細は、秦野（2001）を参照してください。

10 単語認識の評価

● Multilayer Instruction Model-Progress Monitoring
（MIM-PM）（海津, 2010）

　多層指導モデルMIM「読みのアセスメント・指導パッケージ」（注7）に含まれている検査を2つ紹介します。これらの検査によって、読み能力、特に特殊音節を含む単語の正確で素早い読みを評価することができます。

	テスト	方法	評価のポイント
1	絵に合うことば探し	3つの選択肢の中から絵に合う語に○をつける	文字と音節との対応や特殊音節を含めた、書き言葉のルールを理解しているか
2	3つのことば探し	3単語（例「ふくろけしきかたち」）が連続して羅列された文字例を単語ごとに区切る課題	語を視覚的なまとまりとして素早く認識できるか、語彙の量はどの程度か

　この中で、3つのことば探しの得点低下は、単語認識（単語をひとまとまりとして捉えること）の難しさを反映していると考えられます。

注7）多層指導モデルMIMは、通常の学級において、異なる学力層の子どものニーズに対応した指導・支援を提供することを目的に開発されました。特に、子どもが学習につまずく前に、また、つまずきが重篤化する前に指導・支援を行うことをめざしたものです。本書では、単語認識の評価として抜粋して紹介していますが、詳しくは海津（2010）を参照してください。

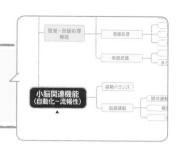

11 小脳関連機能 （自動化−流暢性）

　読字の流暢性とは、文字列の音への変換（デコーディング）を素早く自動的に行うことを指します。特に、文章をスムーズに読むときに必要となります。ここで、私たちが普段どのように文章を読んでいるのかを考えてみましょう。下の例は、読字時の視線の動きをアイトラッカー（視線分析装置）を用いて示したものです。

> たんぽぽの花が咲きおわると茎は倒れてしまいます。
> かれた花のあとに綿毛のついたタネを実らせます。

　このように、文字列を流暢に読める人は、単語をまとまりごとに捉えて視線を移動させています。これを可能にしているのは、**眼球運動と素早い変換機能**です。その土台として、小脳関連機能が挙げられます。小脳は、読字の流暢性のほかに、姿勢バランスや協調運動、構音機能にも関わっています。実際に、読字障害の子どもが、姿勢バランスや協調運動の問題を併せ持っているという場合はよくあります。このような場合、問題の根にある小脳関連機能へ介入することで、読字の流暢性が向上する可能性があります。そこで、本書では、小脳関連機能として姿勢バランスや協調運動の評価についても紹介します。

　図形を音に素早く連続的に変換する能力は、STRAW-Rの中にあるRAN
課題を用いて評価することができます。

● **Rapid Automatized Naming**（RAN）（宇野ほか, 2017）

　読みの自動化能力を評価する検査です。数字と線画からなる以下のような
イラストを、左上から順番に、誤らないようにできるだけ速く呼名（naming）
していきます。

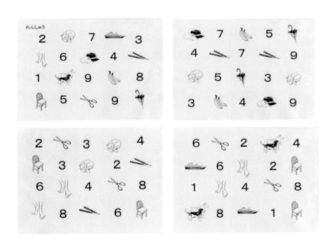

引用：金子（2010）

　RAN課題は、文字の代わりに数字やイラストを使って読みの流暢性や正
確性を評価することができ、5歳児から実施可能です。そのため、就学前の
子どもが読み書きでつまずきそうかどうかを事前に把握するという目的で活
用することもできます（金子ら, 2012）。

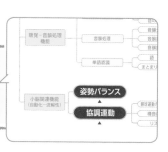

13 姿勢バランス・協調運動の評価

● JPAN 感覚処理・行為機能検査

（Japanese Playful Assessment for Neuropsychological Abilities）（日本感覚統合学会, 2011）

　感覚処理や行為機能を評価できる検査です。4領域、32項目の下位検査から構成されています。

領域	評価できる機能・能力
姿勢・平衡機能	静的バランス、動的バランス、抗重力姿勢、姿勢背景運動
体性感覚	active touch（能動的に識別しながら触る）とpassive touch（触られたことに気づく）
行為機能	模倣、積み木構成、両側協調運動など行為に関する複合的な能力
視知覚・目と手の協調	運筆、図地判別などの能力

　全検査を行うと2～3時間を要するため、はびりすでは、小脳関連機能である姿勢バランスと協調運動に特化して、このうち姿勢・平衡機能領域と、行為機能領域の中の両側協調運動の下位検査を抜粋して実施しています。

姿勢バランスの評価
（姿勢・平衡機能領域）

協調運動の評価
（行為機能領域の中の両側協調運動）

ひこうき

ボールになろう

手足をのばしてエクササイズ

フラミンゴになろう

ケンパ

けがして大変

仲良くおひっこし

姿勢バランス・協調運動
に関するトラブル

『読字と姿勢バランス』

　Barelaら（2011）は、読字と姿勢バランスとの関連を検討するため、定型発達児と読字障害児の読字時における重心動揺を比較しました。その結果、床面が止まっているか揺れているかに関わらず、読字障害児の方が重心動揺が大きかったと報告しています。このような研究結果から、読字障害児は、姿勢を保つことを含む無意識での情報処理が、十分に自動化されていないのではないかということが指摘されています。

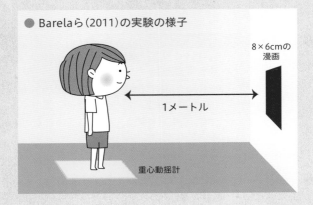

● Barelaら（2011）の実験の様子

8×6cmの漫画

1メートル

重心動揺計

　著者らも、音韻処理機能と姿勢バランスとの関連性を検証しました。音韻処理機能に関しては、ELC（p43参照）における音韻操作課題（逆唱・削除）を用い、姿勢バランスに関しては、JPAN感覚処理・行為機能検査（p47参照）の中のいくつかの下位検査（フラミンゴになろう・ボールになろう・ひこうき・手足をのばしてエクササイズ）を用いました。その結果、強い相関を示したのは、逆唱における反応時間とフラミンゴになろう（開眼・閉眼）における持続時間でした。

　逆唱課題における反応時間は、主に音韻処理の効率性を反映していると考えられます。また、フラミンゴになろうは、主に姿勢バランスの成熟度合を反映していると考えられます。そこで、現在は「音韻処理の効率性」と「姿勢バランス」との関連に着目して、さらなる検証を進めています。

『読字とリズム・協調運動』

　読字の流暢性が乏しく、逐次読みになる子どもは、リズミカルな身体操作にも困難を示す傾向があります。これらの関連性について、近年の研究結果をもとに考えてみましょう。

　Kitaら（2013）は、読字障害児が音韻処理をする時に2つの脳領域で特異的な活動が生じることを報告しました。1つは大脳基底核、もう1つは左の上側頭回です。特に大脳基底核について、定型発達児・者の場合は、より高度な音韻処理を要求されるときにのみ大脳基底核が活動するのに対して、読字障害児の場合は、音韻処理の難度に関係なく大脳基底核が過剰に活動する傾向があるとわかりました。

　このことから、読字障害児では音韻処理が十分に効率化されておらず、読字の際にはいつも大脳基底核を活動させなければならない状況にあることが示唆されました。また、T-Richardsら（2004）は、読字障害児はADHD児と比較してリズムの問題を有していると報告しました。

　大脳基底核は、大脳新皮質と脳幹の間に位置し、強力な抑制作用と脱抑制によって、大脳皮質と脳幹の時間的・空間的な活動動態を協調的に制御し、適切な運動機能の発現に寄与しています（高草木, 2009）。

　加えて、運動野−大脳基底核（被殻）−小脳内側部を結ぶ運動ループと、前頭前野−大脳基底核（尾状核）−小脳外側部を結ぶ認知ループが存在することから、大脳基底核は認知と運動の両面に関与しています（これは小脳にもいえることです）。また、両手の協調運動が学習により自動化した時点においても、大脳基底核（被殻）ならびに小脳は継続的に活動していることから、運動の長期記憶における大脳基底核・小脳の役割が示唆されます。以上のことから、大脳基底核・小脳は、「リズム」「自動化」「運動の長期記憶」といったキーワードと深く関連しています。

　読字とリズムに関して、Flaugnaccoら（2015）は、読字障害児への音楽訓練（Music Training）の効果を検証しました。その結果、音楽訓練は、読字や音韻処理の問題に有効であると結論づけています。

　このように「読字の流暢性とリズム・協調運動」には、興味深い関連性があります。この分野はまだまだ未知の領域で、今後さらなる解明が期待されます。

読字のトラブルタイプ一覧

視覚関連機能のトラブル

 | ↓

視機能のトラブル　　　　　視覚情報処理のトラブル

眼球運動に関するトラブル

形の捉えに関するトラブル

形の記憶に関するトラブル

聴覚−音韻処理機能のトラブル

音の弁別に関するトラブル

音韻意識に関するトラブル

単語認識に関するトラブル

小脳関連機能（自動化−流暢性）のトラブル

姿勢バランス・協調運動に関するトラブル

※一人の子どもが複数のトラブルを併せ持つことがあります。
　（例：眼球運動と音韻意識に関するトラブルがある）

Part 2

書字編

1 「書字」とは？

1 音→文字への変換

　書字を行うためには、音（聴覚イメージ）を文字（視覚イメージ）に変換することが必要です。この過程を**エンコーディング**といいます。さらに、単語や文章を書く際には、意味の情報も加わります。

　したがって、「音－文字－意味」の3つのつながりを意識して評価・支援を行うことが重要です。これは読字においても同様です。

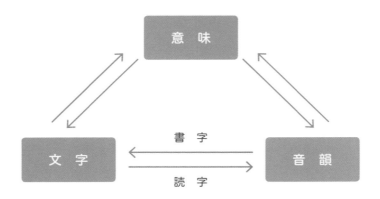

② 書字運動

頭に思い浮かんだ文字イメージは、手の運動を通して文字として表出されます。

本書では、書字運動を3つの側面に分けて捉えることにします。

1	2	3
なぞり書き **（Tracing）**	**模写** **（Copying）**	**想起による書字** **（Writing）**
⇒運筆をコントロールする力を反映します	⇒文字の構成や、空間内での配置をイメージする力を反映します	⇒書き順や文字の形を覚えたり想起したりする力を反映します

 プチ COLUMN　『書字の神経機構』

大人が書字をするときには、どのような神経機構が働いているのでしょうか？

ひらがなの場合、角回と縁上回（下頭頂小葉）で音を文字の形態として想起し（❶）、頭頂間溝で書字運動を想起し（❷）、その情報が前頭葉に運ばれ、補足運動野や運動前野にて書字運動として出力されます（❸）。他にも、文字の配列や文法にはブローカ領域（❹）が、書字運動時の文字の大きさの決定には大脳基底核が、文字の記憶には小脳がそれぞれ関与するとされています。

一方、漢字では、側頭葉の紡錘状回で文字を形態として想起し（漢）、角回で音と形態の整合性を確認した後、頭頂間溝へと情報を送ります。

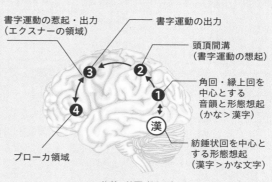

参考：竹下 (2011)，Ogawa et al (2010)

書字運動の土台となる機能

　ここでは、書字運動の全体にかかわる運動・感覚について紹介します。特に、運筆コントロールの土台となる「姿勢」、文字の構成や記憶の土台となる「触覚・固有受容覚」を取り上げることにします。

姿　勢

触覚・
固有受容覚

姿　勢	発達には、「中枢から末梢へ」「粗大から微細へ」という方向性に関する法則があります（上図右）。身体の中枢部にある体幹や肩甲帯などが安定してこそ、末梢部にある手をうまくコントロールできるようになります。つまり、安定した姿勢をつくることが書字運動の土台となるのです。
触覚・ 固有受容覚	書く前に文字の形をイメージしたり、覚えた文字を想起したりする際には、視覚だけでなく、運動を通した感覚情報も手がかりになります。したがって、触覚や固有受容覚を強調することによって、文字のイメージを形成したり、文字を正確に記憶したりすることが容易になる可能性があります。 　また、姿勢の安定も、文字のイメージや記憶の土台となります。姿勢が安定することによって、末梢部にある手をうまくコントロールできるようになると、書字運動に伴う感覚フィードバックが明確になるためです。

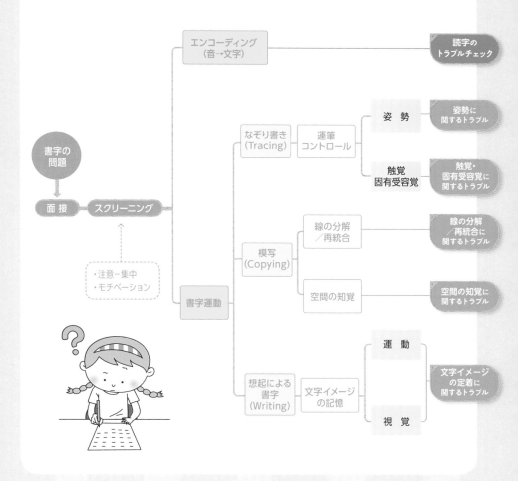

「書字」の評価フローチャート

- 書字障害に関する先行研究をもとに、フローチャートを作成しました。書字に関する先行研究は極めて少なく、未開の領域といえます。書字の困難さへの介入研究も、事例報告が中心で、十分に効果検証されていないのが現状です。本フローチャートの妥当性や有用性についても、これから検証していく必要があると考えています。
- 本フローチャートは、書字に特化して作成しています。そのため、読字と共通する機能は割愛しています。書字だけでなく読字の苦手さも確認される場合は、必要に応じて読字の評価（p13〜）にも立ち戻ってください。

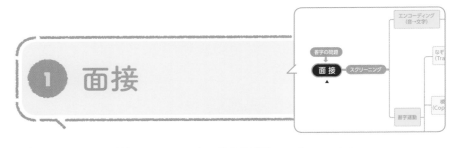

① 面接

「文字を書くのが苦手なようです」「国語が嫌いみたいです」

ご相談に来られる保護者の訴えは、このような内容から始まります。苦手、嫌いの背景には様々な要因が含まれています。そのため、面接を通して「具体的にどの部分に困難さが生じているのか」を理解し、「その困難さの背景にどのような認知機能・感覚運動機能の問題があるのか」を探り、評価を深めるべきポイントを焦点化していくことが大切です。

焦点化することで、必要最低限の検査で評価をすませることができ、子どもや保護者に必要以上の負荷をかけずにすむからです。また、すでに受けた知能検査などの検査結果を有効活用することも大切です。

1	2	3
書字のつまずき部分の聞き取り	書字に関連する機能の聞き取り	知能検査の結果を有効活用

1―書字のつまずき部分の聞き取り

読字と同様に、書字の聞き取りの視点にも文字種別、文字列の長さ、書字スキルなど様々なものがあります。これら複数の観点から聞き取りを進めていく必要があります。また、書字においても環境の評価は重要です。どこで取り組むか（学校、家）、誰と一緒に取り組むか（先生、友達、家族）、どのような文脈で取り組むか（例えば、好きな人に手紙を書くなど）によって書字のパフォーマンスは大きく異なるからです。

書字の問題の全体像を意識しながら、どのような場面が苦手か、あるいは、

どのような条件が揃うと取り組みやすくなるのかを整理しながら聞き取りを進めていく必要があります。

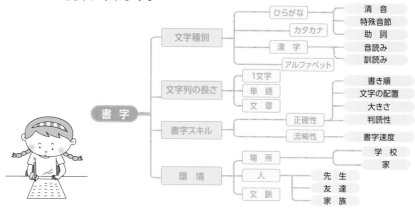

2―書字に関連する機能の聞き取り

　書字のどの部分につまずきがあるのかの聞き取りに加えて、書字に関連する認知機能・感覚運動機能についての聞き取りも重要です。

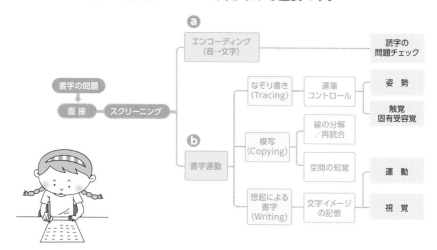

前ページのフローチャートに沿って ⓐ、ⓑ に分けて質問例を記載します。

ⓐ **エンコーディング（音→文字）**
- 読字にも困難がある
- 言葉の発達の遅れ
- 言葉遊びができない
  （例：しりとり、逆さ言葉）

```
sa/ka/na
   ↓
さかな/魚
```

ⓑ **書字運動**
- 姿勢バランスが保てない
- 運動や手先の不器用さがある
- 手順を覚えることが苦手
  （例：準備と片付け・リコーダー・鍵盤ハーモニカ）
- 絵を描くのが苦手

🍔 知能検査の結果の有効活用

　読字と同様に、WISC-Ⅳの検査結果から、書字の傾向をある程度推測することができます。

　例えば、言語理解の項目が著しく低下しているようであれば、そもそも**語彙が少なくて書けない**のかもしれません。また、知覚推理の項目が著しく低下しているのであれば、**文字（図形）の捉えが難しい**のかもしれません。

　ワーキングメモリが著しく低下しているのであれば、書字動作に必要な**多数の処理を同時に行うのが難しい**のかもしれません。処理速度が著しく低下しているのであれば、**書字速度が遅く流暢に書けない**のかもしれません。

　このように、書字の問題について焦点化していくためのおおまかな見当をつけるにあたって、WISC-Ⅳは有益な手がかりのひとつとなります。

『WISC™-IV知能検査』
日本文化科学社, 2010

『書字障害の子どもたちの WISC-IV の成績の特徴』

　書字とWISC-IVの関連性について検討した先行研究では、書字困難の子ども
は、処理速度（田中ら, 2012）や、ワーキングメモリ（高橋ら, 2017）、知覚推理（金
岡, 2016）に困難が生じやすいと報告されています。

　また、文字種別による違いも報告されており、ワーキングメモリの数値が低
い場合にはひらがな・カタカナの書字の困難さ（中山ら, 2009；粟屋ら, 2003）が、
知覚推理の数値が低い場合には、漢字学習の困難さ（金岡, 2016）が、それぞれ
見られやすいようです。

2 スクリーニング検査

　書字が苦手であれば、まずはどのくらい書けるのかをチェックすることから始めましょう。その際、❶書ける文字がどのくらいあるか（習得度）、❷どのくらい実用的に書字ができるか（実用性）、❸書字場面のどの時点において困難さがあるか（背景）をそれぞれ評価する必要があります。

❶ 書ける文字がどのくらいあるか（習得度の評価）

　書字の習得度について、同年齢と比較してどのくらい習得できているかを評価できる検査（日本で標準化されているもの）には以下のようなものがあります。

- 改訂版 標準 読み書きスクリーニング検査（STRAW-R）　（宇野ら, 2017）
- 小中学生の読み書きの理解（URAWSS II ）　　　　　　（河野ら, 2017）
- K-ABC II 習得度検査　　　　　　　　　　　（Kaufman & Kaufman, 2004）

※各検査の詳細はp180をご参照ください

❷ どのくらい実用的に書字ができるか（実用性の評価）

　実用性とは、「読みやすい文字を適切な速度で書けること」を指します。いくら丁寧できれいな文字を書いても、書字速度が遅すぎると実際の学習場面では授業についていけなくなる可能性があります。逆に書字速度は速いものの、書かれた文字が乱雑で読みにくい場合もあります。

　残念ながら書字の実用性を十分に評価できる検査は、まだ日本では開発されていません。書字の支援において実用性の評価は大変重要なので、早急に評価法を確立する必要があります。

『海外における書字の質的評価バッテリー』

　海外では、実用性を含む書字の評価法が開発されています。例えば、Minnesota Handwriting Assessment（MHA）では、「The quick brown for jumped over lazy dogs」という文章を2.5分間できるだけ速く正確に書き写す課題を行い、その結果をRate（速度）、Legibility（判読性）、Form（文字の形）、Alignment（配置）、Size（大きさ）、Spacing（間隔）といった視点から質的に評価します（Feder & Majnemer, 2003）。

　また、近年ではタブレットを用いた質的評価法も開発されつつあります。中国ではChinese Handwriting Assessment Tool（CHAT）と呼ばれる書字の評価ツールが開発されています（Li-Tsang et al., 2011）。これは、ペン先の運動軌跡の記録をもとに、ペンが空中にある時間、ペンが紙の上にある時間、書字速度、筆圧などの情報を定量的に評価するものです。タブレットを用いた評価法によって、このように紙の上では測定できない様々な情報が得られる可能性があります。今後のさらなる開発が期待されます。

『書字の実用性を評価するための国内研究』

　日本では、池田ら（2013）が実用性を含む書字の評価を開発中です。読みにくいと判断された文字を分析した結果、「文字の大きさ」「文字と文字の間隔」「空間における文字の配置」のうち2つ以上が対象学年の平均±1SDを超える場合に、読みにくいと判断されることがわかりました。

　また、平林ら（2010）は、デジタルペンを用いて新たな書字評価の方向性を報告しています。この研究では、小学1年生から6年生までの618名に対して、デジタルペンを用いた文章の模写課題を実施し、その様子を運動フェーズ（ペンが動いている時間）と停留フェーズ（ペンが止まっている時間）に分けて分析しています。その結果、運動フェーズにおいて、ひらがなは小学2年生から3年生の間で、漢字は小学4年生から5年生の間で急激に書字運動速度が増加することが示されました。他方、停留フェーズにおいて、小学4年生から5年生にかけてペンが止まっている時間が短くなることが示されました。

　このような研究をもとに、実用性を含む書字の評価法が開発されることで、書字の困難さを細かく捉え、支援につなげていくことが可能になると考えられます。

❸ 書字場面のどの時点において困難さがあるか（書字困難の背景の推測）

　平林ら（2010）の報告をもとに、書字場面を2つのフェーズに分けて考えてみましょう。まず、鉛筆が止まっている時間が長い場合には、音を文字に変換すること（エンコーディング）に困難さがあると考えられます。次に、鉛筆は動くけれども正しく整った文字を書けない場合には、運筆コントロールや、文字の配置、文字の正確な記憶など、書字運動に困難さがあると考えられます。

　このような評価の視点を反映したスクリーニング検査があると良いのですが、残念ながらまだ開発されていません。したがって、現時点では、書字場面の観察をもとに困難さの背景を推測することが必要です。

書字場面
の観察

鉛筆が止まっている時間が長い
→音から文字への変換に困難さが
　ある可能性

エンコーディングの問題

鉛筆は動くが、正しく整った文字が
書けない
→運筆コントロールや文字の配置、
　文字の正確な記憶などに困難さが
　ある可能性

書字運動の問題

3 エンコーディング（音→文字への変換）

　書字を行うためには、頭に浮かんだ言葉（聴覚イメージ）を文字（視覚イメージ）に変換していくこと（エンコーディング）が必要です。逆に、読字に必要な、文字を音に変換することをデコーディングといいます（p19参照）。

　このように、書字と読字には、変換の向きこそ反対になりますが、音と文字の変換という共通した特徴があります。さらに、この変換には、意味の情報処理も関与します。

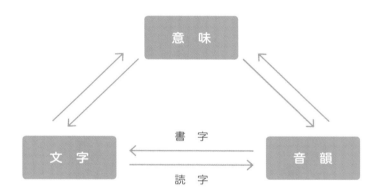

　読字も書字にも「音韻−文字−意味」の3要素を結びつける力が必要です。したがって、エンコーディングの部分でつまずきがある場合は、読字に必要な認知機能・感覚運動機能についても併せて評価する必要があります（Part1 読字編参照）。

読字の
トラブルチェック

④ 書字運動の評価

　読字に比べて、書字では「運動」の要素が強まります。運動といっても、単に手を動かすだけではなく、運動をコントロールする力、運動をイメージする力、運動を覚える力など、多岐にわたる能力が必要です。これらのいずれに困難さがあっても、書字の苦手さにつながります。

　そこで、ここでは、書字運動に関わるこれらの能力について評価する方法として、読字（視覚関連機能）の検査として紹介したWAVES（p38、p181参照）の活用例を紹介します。

書字運動の３つの側面	WAVES	書字場面の例
運動をコントロールする力	● 線なぞり ● 形なぞり 　　が難しい	文字が汚い （枠からはみ出る・とめ・はね・はらい・むすびが難しい）
文字の構成や配置をイメージする力	● 形うつし 　　が難しい	マスの大きさと文字の大きさが合っていない
書き順や文字を覚えて想起する力	● 形おぼえ 　　が難しい また、運動を記憶することが難しい （注1）	文字を正確に覚えられない

注1）運動の記憶を評価できる検査としては、JPAN感覚処理・行為機能検査に含まれる「秘密サインをおぼえよう」があります。ただし、これは主に肩の運動を記憶する力を評価する検査なので、手指の運動を記憶する力を十分には反映していない可能性があります。

『書字の発達段階』

```
書く（描く）こと
```

4歳以前
絵を書くことを
楽しむ

4-5歳
図形の模写が
できる

5-6歳
想起して
図形を書ける

6歳以降
伝達手段として
文字を書ける

　大まかには、書くことを楽しむ段階から「模写」（見ながら書く）→「想起」（見なくても書ける）→「伝達手段として文字を書ける」というように発達していきます。

柴崎（1987）と石川（2007）らの報告を基に筆者が作成

『「模写」の神経基盤』

　模写（Copying）はどのような神経基盤を通して実現されているのでしょうか？ Ogawaら（2010）は、なぞり書き（Tracing）と比較する形で以下の内容を報告しています。

なぞり書き
(Tracing)
スムーズに
手を動かせる力

模写
(Copying)
動きを
作り出す力

● 「なぞり書き」と比較して「模写」に特徴的なこと
1）自己中心座標（なぞり書きは環境中心座標）
2）前補足運動野での短期記憶
3）スペースに対して運筆を行う軌跡の計画・生成
4）大脳基底核での文字の大きさの決定

　模写を行う際には、運動学習のプロセスに似た神経機構が働きます。遊びや生活動作のなかで身体の使い方や新しい運動のプランニングなどを支援することが、模写の発達の土台を育てることにつながる可能性があります。

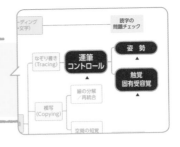

5 なぞり書き

　なぞり書きが難しい場合、運筆コントロールの問題が想定されます。運筆コントロールの問題は、文字の汚さや判読性の低下とも関連しています。

なぞり書きが難しい
* 線からはみ出る
* 小さい文字ほど
　なぞりにくい　など

**運筆
コントロールの問題**

文字が汚い
* 枠からはみ出る
* 筆圧が強い　など

運筆コントロールの問題には、以下の2つの背景が考えられます

**姿勢に
関するトラブル**

　手指など身体末梢部を上手くコントロールするためには、それよりも中枢部にある手首、肘、肩、肩甲帯、体幹などが安定している必要があります。

**触覚・固有受容覚に
関するトラブル**

　手指の触覚や固有受容覚（筋肉や関節で感じる感覚）を上手く捉えられないと、指先やペンを上手くコントロールすることが難しくなります。

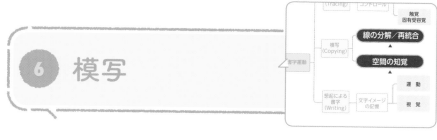

⑥ 模写

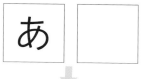

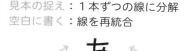

見本の捉え：１本ずつの線に分解
空白に書く：線を再統合

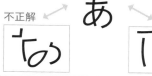

不正解　←　あ　→　正解

空間の配置・全体のイメージ：
どこから書き始める？
どこに向かって動かす？

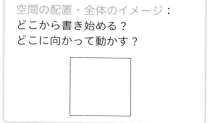

　上図のように「あ」という文字を模写するには、見本の文字を、まずは１本ずつの線に分解する必要があります。例えば、紐を使って「あ」を形づくろうとすると、紐が３本必要であるとイメージできると思います。そのイメージをもとに、３本の線で「あ」を組み立てることになります。このように、模写には、文字の形を線に分解し再統合する力が求められます。

　また、実際に書き写すときには、文字の形を線に分解した上で、模写する先の空白を的確に捉え（空間の知覚）、どの部分から書き始めるべきか、ペン先をどこに向かって動かすべきかといったことを考える必要があります。これが難しいと、どこからスタートしたら良いかわからない、どれくらいの長さの線を書けば良いかわからず枠からはみ出してしまう、などの困り感につながります。

線の分解／再統合に
関するトラブル

空間の知覚に
関するトラブル

 7 想起による書字

想起による書字を行うためには、文字のイメージを記憶し、必要に応じて取り出せることが重要です。この過程は、複数の感覚情報を統合することによって効率よく行えるようになります。例えば、文字を書くときには、鉛筆を動かしている感覚（固有受容覚）や、手の小指側が紙と触れている感覚（触

覚）、書いた文字を目で確認したり（視覚）、読み上げたり（聴覚）する感覚が脳に伝わっていきます。これらが適切に統合されることで、文字の記憶や想起はよりスムーズになるのです。ここで大切なのは、文字のイメージは見ることだけではなく、書くことによる運動の影響も受けながら形成され、記憶として定着していくということです。そのため、固有受容覚や触覚の情報をうまく捉えられない場合、いくら繰り返し書く練習をしても、それに見合った成果が出ず、徐々にやる気を失ってしまうことがあります。

　加えて、これらの感覚の捉えにくさは、運筆コントロールの難しさとも関連しています。したがって、文字が汚い場合、文字を覚えることにも困難を抱えている可能性があることを見据えて評価を進める必要があります。

文字イメージの定着
に関するトラブル

プチ COLUMN 『書字における感覚フィードバックの重要性』

　書字における固有受容覚・触覚の重要性は多数の研究で示されています。例えば、これらの感覚が運筆コントロールに関連するという報告（Ebied et al., 2004；Hepp-Reymond et al., 2009；新庄ら, 2019）や、文字の記憶に関連するという報告（Saltz & Dixon, 1982）があります。

書字のトラブル一覧

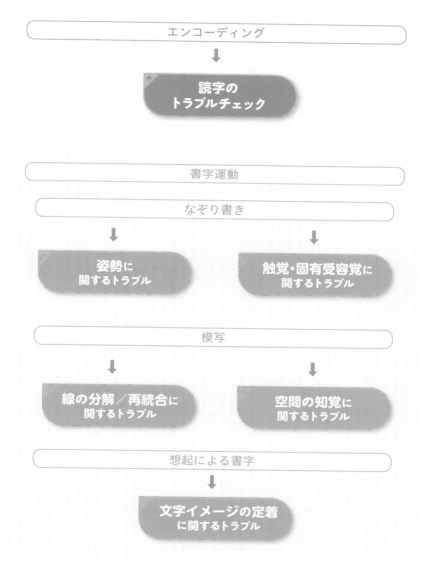

エンコーディング

↓

読字の
トラブルチェック

書字運動

なぞり書き

↓　　　　　　　　↓

姿勢に
関するトラブル

触覚・固有受容覚に
関するトラブル

模写

↓　　　　　　　　↓

線の分解／再統合に
関するトラブル

空間の知覚に
関するトラブル

想起による書字

↓

文字イメージの定着
に関するトラブル

読み書き支援
プログラム集

Part 3 読字編	Part 4 書字編	Part 5 環境支援編

　ここからは、読み書きに必要な力を育む発達的アプローチや、お子さんの現在の力を最大限に発揮するのに役立つツールの紹介をしていきます。

　本書で紹介する支援プログラムは、主に私たちがお子さんとの実践を通して効果を実感したもので、かつ面白かったもののベストセレクションになっています。ただし、これらのプログラムがすべてのお子さんに同じような効果があるわけではありません。効果があるか、楽しめるかといった点は、目の前のお子さんの姿から確認してみてください。

　ここで取り上げるプログラムは、あくまでも支援を考えるきっかけにしていただき、目の前のお子さんに合わせて修正したり改変したりして、オーダーメイドのプログラムとして展開していただれば幸いです。

作業療法士の立場から
奥津 光佳

読み書き支援
プログラム集

読字編

眼球運動を育む遊び

Program

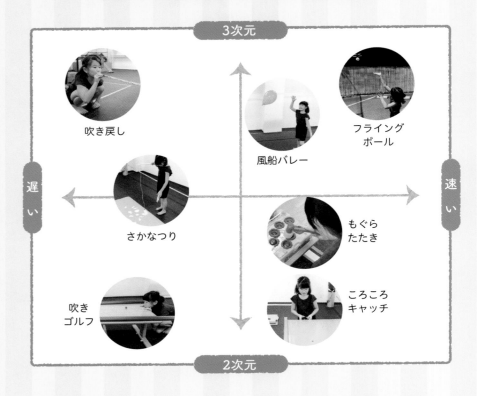

3次元

吹き戻し

風船バレー

フライング
ボール

遅い

さかなつり

もぐら
たたき

速い

吹き
ゴルフ

ころころ
キャッチ

2次元

　眼球運動の発達は、大まかには、固視→輻輳-開散運動→衝動性眼球運動→追従眼球運動の順に進みます（Rhod, 1990〈紀伊訳, 1997〉）。また、目で捉える空間が、「2次元→3次元」へと広がるほどに（上図の縦軸）、さらに対象物の速度が「遅い→速い」へと変化するほどに（上図の横軸）高度な眼球運動の調整が必要になります。

　眼球運動の発達を目的とした支援策は、ビジョントレーニングの分野で開発され効果も検証されています（石垣, 2013）。ここでは、遊びの中で楽しく回数を重ねながら眼球運動の向上を図るプログラム例を紹介します。

吹き戻し

吹きゴルフ

モグラたたき

さかなつり

ころころキャッチ

フライングボール

風船バレー

吹き戻し

こんなトラブルにオススメ！

眼球運動 —p36

● 遊び方

❶ 吹き戻しがマトに届く位置で
行います。

❷ 複数のマト（積み木、空のペッ
トボトルなど）を吹き戻しで
どんどん倒していきます。

❸ マトの高さを変化させること
でそれに合わせた子どもの姿
勢（立つ、座る、しゃがむ、
膝立ちなど）を引き出します。

● 応用編

● 雨どいを使って、ボールを吹き
合ってキャッチボールをするこ
とで、2人で連続的に取り組む
ことができます。

ココ
が ポイント

　息を吸うときは両目が寄りやすく（輻輳）、
吐くときは離れやすく（開散）なります。
　吹き戻しは息を吸うときは手元に戻り、吐
く（吹く）と先端が離れていくため、呼吸に
連動して輻輳ー開散運動が起こりやすくなり
ます。また、口に吹き戻しをくわえると、身
体の正中線を捉えやすくなるので、姿勢バラ
ンスにもアプローチできます。

オススメ

「超ロング吹き戻し」
販売：株式会社吹き戻しの里

吹き戻し
〜対戦バージョン〜

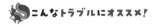こんなトラブルにオススメ！

眼球運動 ──p36

 **遊び方**

❶平均台の上に横歩きの姿勢でバランスをとります。

❷吹き戻しがギリギリ届くくらいの距離にマトを複数置きます。

❸どちらがより多くのマトを落とせるか競い合います。

❹マトの高さを変えることで、それに合わせた子どもの姿勢（立つ、中腰など）を引き出します。

ココがポイント

　眼球運動を細かく調整するためには、眼球と頭部が分離して動く必要があります。この遊びは、平均台の上から落ちないように姿勢調整を行いつつ、マトにピントを合わせるため、眼球ー頭部の分離性を育むことにつながります。また、マトの高さに合わせて姿勢を変えることは、空間を捉える力を育むことにも関連しています。

吹きゴルフ

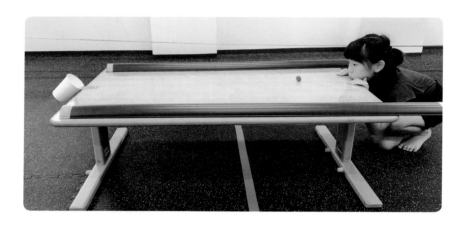

遊び方

❶紙を丸めたボールを作ります。ゴールとして、机の端に紙コップを取り付けます。

❷ボールを机の反対側の端に置いてスタートです。

❸ボールを見ながら、息を吸います。息を吹きかけてボールを転がしていきます。

❹ゴールを目指して❸の動きを繰り返していきます。

段階付け

●ゴールまでの距離を長くしたり、途中に障害物を置いたりして、だんだんと難易度を上げていきます。

ココがポイント

　吹きゴルフは、吸うときは近くのボールにピントを合わせ（輻輳）、吐くときには遠くのゴールにピントを合わせる（開散）必要があります。これを繰り返す中で、ピントを調節する力を育むことができます。

モグラたたき

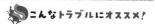
こんなトラブルにオススメ！

眼球運動 ——p36

ココ が ポイント

　モグラたたきは、対象を素早く捉えて叩く動作を繰り返す遊びです。衝動性眼球運動を育むことにつながります。

　特に元祖モグラたたきゲームでは、対象をうまく叩けたかどうかを音で知らせてくれるので、運動の修正につながりやすく、効率的に衝動性眼球運動の向上を図ることができると考えられます。

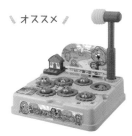

オススメ

「元祖モグラたたきゲーム」
販売：株式会社バンダイ

さかなつり

こんなトラブルにオススメ！
眼球運動 ──p36

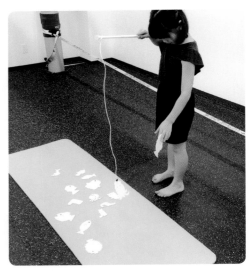

● 遊び方

① 魚と釣竿を用意します。

② 魚を置く範囲を決め、その外側から釣り始めます。

③ 磁石がクリップにくっつくように、ゆっくりと釣竿を操作します。

④ 魚がついたら落とさないようにそーっと持ち上げます。

● 段階付け

● 慣れてきたら、糸と竿を長くし、遠くの魚を狙っていきます。

● うまく釣れない場合は、糸と竿を短くし、近くの魚を狙っていきます。

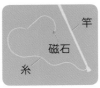

竿
磁石
糸

釣竿をつくる

口にクリップをつける

魚をつくる

ココがポイント

　さかなつりでは、対象を見続けること（固視）が要求されます。

　対象が動かないので簡単そうに見えるかもしれませんが、距離感を適切に把握し、身体や道具を対象に合わせて調整する必要があるので、目と手の協調（p47）にも課題のあるお子さんにとっては、挑戦しがいのある遊びとなります。

さかなつり
〜アイデア集〜

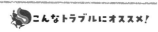こんなトラブルにオススメ！

眼球運動 ──p36

ジャングルジムさかなつり

一本橋さかなつり

文字つり

● 段階付け

LV2　ジャングルジムさかなつり
ジャングルジムの上から、落ちないように姿勢を保ちながら魚を釣ります。釣った魚はBOXへと入れにいきます。

LV3　一本橋さかなつり
一本橋の上から落ちないように魚を釣っていきます。振り返ったり、遠くまで歩いて行ったりするようにいろんな位置に魚を置いておきます。

● 応用編

● **文字つり**
魚の代わりに文字を釣り、言葉をつくる遊びです。複数人で行うと、思わぬ言葉が見つかることもあり、繰り返し楽しむことができます。

ココがポイント

　固視や輻輳−開散運動といった眼球運動に加えて、姿勢バランスにもアプローチする工夫の例です。ジャングルジムでは、魚を見たり、釣竿を操作したりしやすいように姿勢を固定する力が、一本橋では、落ちないように釣竿の操作に合わせて細かく姿勢を調整する力が育まれます。また、室内用プールに水を入れて魚を浮かべるようにすると、不規則に動く対象を目で捉えて釣る必要があるので、さらに難しくなります。

ころころキャッチ

こんなトラブルにオススメ！

眼球運動 ── p36

● ルール

❶ 紙コップとビー玉を準備します。

❷ テーブルを挟み向かい合い、子どもに両手で紙コップを持ってもらいます。

❸ ビー玉を転がし、落とさないように紙コップでキャッチしてもらいます。

❹ 連続してビー玉をキャッチしたり、キャッチしたビー玉を転がし返したりします。

段階付け

● 転がす速さをだんだんと速くしていきます。

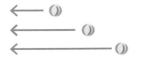

● 転がす距離をだんだんと伸ばしていきます。

● 次のビー玉を転がすまでのテンポをだんだん速くしていきます。

がポイント

　この遊びは、転がってくるビー玉に対してピントを合わせ続けるため、対象が静止しているときよりも輻輳−開散運動を育むことにつながります。また、台の角度や転がすボールの種類、カップの大きさなどを変えることで、段階付けを行いやすいことも特徴です。

ころころキャッチ
〜アイデア集〜

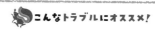こんなトラブルにオススメ!
眼球運動 ──p36

ランダムキャッチ

 段階付け

LV2 両手キャッチ
両手にそれぞれ1個ずつカップを持ってもらい、次々とビー玉を転がしていきます。連続何個キャッチできるか、右左の手で合計何個キャッチできるかを競います。

LV3 ランダムキャッチ
机を斜めにして、その上に積み木などの障害物を置きます。ランダムに転がってくるビー玉を落とさないようにキャッチしていきます。

LV4 ビー玉ホッケー
机の横にボールが飛び出さないようにバーを置き、ホッケーで勝負します。
小さい丸型のタッパーなどをスマッシャー代わりに使います。

ココ が ポイント

　輻輳-開散運動に加えて、両手キャッチでは衝動性眼球運動を、ランダムキャッチでは追従眼球運動を、ビー玉ホッケーではそれらの眼球運動の高度な使用を促すことができます。レベルを上げながら遊ぶことで、眼球運動の発達の過程をなぞりながら支援を展開することができます。

フライングボール

こんなトラブルにオススメ！

眼球運動 ── p36

遊び方

❶ 大人がボール部分を持ち、飛ばします。
❷ 捕まえてもらいます。
❸ もう一度飛ばし、大人と子どものどちらが先に捕まえられるかを競ってみましょう。

ココがポイント

　文章をスムーズに読むためには、様々な方向に滑らかに視線を動かせることが大切です。
　フライングボールは、その中でも縦書きの文章を読むために必要な上下の追従眼球運動を育むことにつながります。
　また、ゆっくりと手を近づけると上に逃げてしまう仕組みになっているため、手が届く範囲を目で測りながら素早く捕まえるなど、空間の知覚や目と手の協調を育むことにもつながります。

✎ オススメ ✎

「フライングボール」
販売：エレス株式会社

※対象年齢未満のお子様がいるところでは、使用しないでください。
　また、対象年齢未満のお子様に使用させないでください。思わぬ事故、ケガをするおそれがあります。

風船バレー

こんなトラブルにオススメ！

眼球運動 ──── p36

遊び方

❶ネットの高さとコートの広さ
を決めます。

❷何点マッチにするかを決め
て、ゲームスタートです。

❸風船を落とさないようにラ
リーを続けていきます。

段階付け

● ネットの高さを徐々に低くしていくと、風船を直線的に飛ばせるようにな
るのでより難しくなります。

● 風船に空気を入れるほど、滞空時間が長くなるため難易度が下がります。
慣れてきたら、少し空気を抜いてみましょう。

ココが ポイント

　ネットの高さや風船の大きさなどを調整することで、衝動性眼球運動
／追従眼球運動を育むことにつながります。

　ネットが高く、風船が大きいほど、風船を見続ける時間が長くなり、
追従眼球運動の要素が大きくなります。逆にネットを低く、風船を小さ
くすると、滞空時間が短くなり、衝動性眼球運動の要素が大きくなりま
す。ゲーム性が高く、モチベーションが持続しやすいこともこの遊びの
特徴です。

風船バレー
～準備運動～

こんなトラブルにオススメ！

眼球運動 ————p36

● 遊び方

風船パスシュート＋平均台

LV1 風船シュート
スタートラインから風船を落とさないように手で跳ねさせながら、ゴールのカゴに向かってシュートします。

LV2 風船パスシュート
二人ペアになって、お互いに風船をパスし合いながらゴールに向かってシュートします。

LV3 風船シュート＋平均台
風船シュートに平均台を足したゲームです。平均台から落ちないように気をつけながら風船をシュートします。姿勢を調整しながら風船をコントロールするため難易度が高くなります。

LV4 風船パスシュート＋平均台
風船パスシュートに平均台を足したゲームです。相手の位置に合わせながらパスをすることに加えて、自分の姿勢の調整も必要になるため、かなり難易度の高いゲームになります。はじめは相手との距離を近くしたり、幅の広い平均台を使ったりするとよいでしょう。

ココがポイント

　風船バレーを行うための準備運動として取り組んでみましょう。LV3～4は難易度が高いので、はじめはLV1～2を準備運動として行うのがオススメです。
　LV3～4は、姿勢の調整を行わなければ平均台から落ちてしまうので、頭部と眼球の分離運動が必要となり、より高度な眼球運動を育てることにつながります。

生活の中でできる
視覚関連機能へのアプローチ

　ここからは、生活の中でできる視覚関連機能へのアプローチをご紹介します。

　わざわざ時間を設定して取り組むのではなく、隙間時間や何かのついでに取り組むことがポイントです。また、お手伝いの中にも視覚関連機能を育むさまざまな要素が含まれています。

視能訓練士
浅野紀美江

食　事	学　習	歯磨き

お買い物	洗　濯	料　理

掃　除

いただきますの
ポーズ

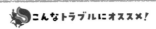こんなトラブルにオススメ！

眼球運動 ──── p36

やり方

ごはんを食べる前に行います。
❶ 両手を合わせます。
❷ 人差し指を鼻の頭にくっつけます。
❸ 人差し指の付け根を10秒見つめてから「いただきます！」

応用編

片手を鼻の頭につけて、手首から指の付け根まで登ってくる指を見続けるようにすると、目を内側に寄せる（輻輳）練習になります。

また、使用する手により制限される視野が変わるので、左右どちらの手も行いましょう。

ココ が ポイント

「いただきますのポーズ」は、眼球運動の基礎である固視や輻輳を育てるプログラムです。

眼球運動の基礎を育てると、自分が見たい対象にしっかりとピントを合わせることができるようになるので、文字の形も捉えやすくなります。さらに、その先の衝動性眼球運動の発達へとつながっていきます。

ボールペン合わせ

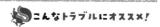こんなトラブルにオススメ！
眼球運動 ─── p36

人差し指と親指で
つまむように持つ

● やり方

❶ 2本のボールペンを用意します。うち1本はペン先を出しておきます。

❷ 出しているペン先がもう片方のペンの先の穴に入るように合わせていきます。

❸ ペン先同士の距離をだんだん離していき、❷を繰り返します。

LV1　　　LV2　　　LV3

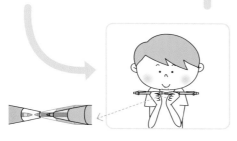

 応用編

● 左右に離して合わせていくだけでなく、上下・前後からも合わせていきます。

● 目の高さよりも下からはじめ、だんだんと合わせる位置を高くしていくと難しくなります（その際、頭部ごと上を向かないように、目だけ上を見るようにしましょう）。

ココがポイント

　「ボールペン合わせ」は、眼球運動の基礎である固視を育てることにつながります。目の構造上、ペン先を合わせる位置は目の高さよりも低い方が簡単です。だんだんと位置を高くしていくことで難易度を調整しましょう。

　ペン先の位置を確かめながらゆっくりとペンを動かすことが、固視を育てる上でのポイントになります。

歯ブラシ見比べ

こんなトラブルにオススメ！

眼球運動 —— p36

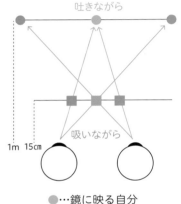

吐きながら

吸いながら

1m 15cm

●…鏡に映る自分
■…歯ブラシ

❶鏡の前に立って息を吸いながら歯ブラシを見ます。
❷息を吐きながら鏡に映る自分を見ます。
❸呼吸に合わせて、歯ブラシと鏡に映る自分を交互に見る運動を1分間くりかえします。

ココがポイント

　呼吸と目の動きは連動していて、息を吸うときは目を寄せる運動（輻輳）が、息を吐くときは目を離す運動（開散）が自動的に起こります。そのため、呼吸に合わせてこれらの運動を行うことで、見たいものにピントを合わせる力を伸ばすことができます。
　また、上手にピントを合わせられると、歯ブラシを見たときには鏡に二人の自分が見え、鏡の自分を見たときには近くに2本の歯ブラシが見えてきます（これを生理的複視といいます）。練習の時は、見ていない方の対象が、それぞれが2つに見えることを意識するとより効果的です。

ブロック
ストリングス

こんな**トラブル**にオススメ！

眼球運動 —p36

❶長さ40cmの紐に、ビーズを３つ通し、端から７cm・15cm・25cmの位置に接着して固定します。両端はつまみやすいようにこま結びにします。

❷紐の両端をつまみ、片方は鼻の頭につくくらいの位置で持ち、もう片方は前方に伸ばしてピンと張ります。

❸息を吸いながら遠くから近くのビーズを、息を吐きながら近くから遠くのビーズを順々に見ていきます。

❹１往復ビーズを見たら、頭と手前の手は動かさず、前方に伸ばした手を右・左・上方向へと動かし、それぞれの位置で❸を行います。

コ コ
が ポイント

　この運動は、遠くの対象や近くの対象に、適切にピント調整する力を育みます。縦読みのしづらさは、遠近・上下のピント調整をうまく組み合わせることの難しさと関係しています。ブロックストリングスを通して対象にピントが合いやすくなると、文章が読みやすくなる可能性があります。

視覚関連機能をはじめ、読字に必要な力は、生活の中のひと工夫で高めることができます。ここでは、生活の中でどのような力が育まれるかを考えてみたいと思います。

---

① お買い物編

　スーパーへ買い物に行き、欲しいものを探し歩くとき、たくさんの商品が並んでいる陳列棚から欲しいものを「見つけ出す」ことが必要となります（これを、図地判別といいます）。

② 洗濯編

　洗濯物を干すとき、洗濯物の形に合わせてハンガーなどを使うことが大切です。そのためには、手元をしっかりと見る（固視）だけでなく、対象の形を適切に捉えて運動を組み立てる必要があります。

　洗濯物には、Tシャツ、ズボン、靴下、タオルなど様々な形のものがあります。洗濯物をたたむときには、これらの洗濯物の形に合わせて角と角を合わせるなど、形を構成する力が求められます。

③ 料理編

　料理には、手でちぎる、包丁で切る、ピーラーで皮を剥く、卵を割る、ハンバーグをこねて丸める、お米を洗うなど、手元を注意深く見ながら、手指や道具を操作する場面が多数あります。これは、「固視」や「目と手の協調」を育むことにつながります。

④ 掃除編

　雑巾がけを行う時、高這いの姿勢を保持した状態で移動する必要があります。これは、姿勢バランスを高めることにつながります。姿勢が安定することは、目や手を上手く使うことの土台になります（p54参照）。

　掃除には、ほうき掃き、雑巾がけ、窓拭き、お風呂掃除など様々な活動が含まれます。これら全てに共通するのは、汚れを見つけてその部分をきれいにすることです。この「見つけ出す」という力が視覚関連機能（特に図地判別）につながっています。

『視覚関連機能の発達』

　読み書きに関連する視覚関連機能は、乳児期に目覚ましく発達します。生後半年までの視覚関連機能の発達を大まかに説明します。

新生児	顔前20〜30cmの距離のものに焦点を合わせられる
	白黒のパターン、顔を好んで見る
生後2か月	ふちや境界線を好んで見る
生後3 - 4か月	上下左右に動くものを目で追う
	両眼視、輻輳が芽生える
生後4か月	細かな色のちがいが区別できる
生後5 - 7か月	両眼視が発達することで立体的なものを好んで見る
	奥行きや位置関係を把握する力が育つ

　読み書きに必要となる、固視、輻輳−開散運動、追従眼球運動、衝動性眼球運動などの働きは、発達の中で徐々に獲得されていきます。また、視覚関連機能と同時に運動機能も発達していきます。

　例えば、3〜4か月で「定頸する（首がすわる）」ことで、対象物をしっかりと両眼で捉えることができるようになります。そして、5〜7か月で「寝返り」や「ずり這い」など、ダイナミックに動くことができるようになるのに伴って、立体的なものや空間の捉えも発達していきます。

　このように、視覚関連機能の発達の基盤にある運動発達にも目を配りながら、評価・支援を行うことが重要です。

Program 聴覚−音韻処理機能を育む遊び・学び

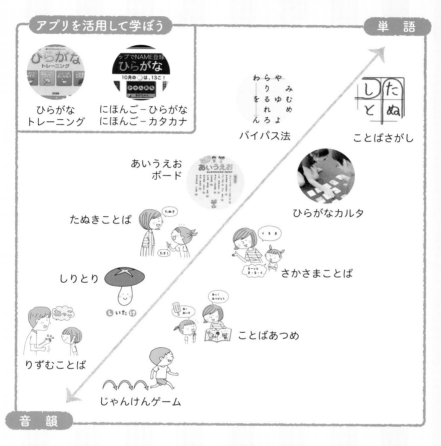

アプリを活用して学ぼう

ひらがな
トレーニング

にほんご−ひらがな
にほんご−カタカナ

わ ら や ま は な た さ か あ
を り ゆ み ひ に ち し き い
ん る む む ふ ぬ つ す く う
れ め め へ ね て せ け え
ろ よ も ほ の と そ こ お

バイパス法

ことばさがし

あいうえお
ボード

ひらがなカルタ

たぬきことば

しりとり

さかさまことば

りずむことば

ことばあつめ

じゃんけんゲーム

音　韻

　音韻処理は大きく分けて、「聞いた単語が何拍なのかわかる」→「語頭音・語尾音が何なのかわかる」→「単語を一音ずつに聞き分けられる」の順に発達します（原, 2001）。一音が聞き分けられるようになることで、「sa/ka/na」という音に「さ/か/な」という文字を結びつけられるようになるなど、読字の土台となるデコーディングの力が育まれます。

「聞いた単語が何拍なのかわかる」という力は、4〜5歳ごろに育ち始めます。5〜6歳ごろになると、しりとりのような遊びができるようになり、さらに読字へとつながっていきます（天野, 1970）。音韻処理の基礎が整い、多くの文字を読み書きしていく中で、文字から音への変換、意味の理解という一連の流れがスムーズになっていきます。やがて、素早く単語全体を認識し、即座に意味を理解するという読み方へと発達していくことで、複雑で難解な文章もスラスラと読めるようになっていきます。ここでは、聴覚−音韻処理機能の発達過程に沿ってプログラムを紹介します。

1 ── 拍を知ろう

りずむことば　　p96

じゃんけんゲーム　　p97

2 ── 音韻を操作しよう

p98

しりとり

ことばあつめ　　p99

たぬきことば　　p100

さかさまことば　　p101

3 ― 文字と音を対応づけよう

あいうえおボード

ひらがなカルタ

4 ― 単語認識を育てよう

ことばさがし

5 ― 五十音を学ぼう

わ ら や ま は た な さ か あ
　 り 　 み ひ ち に し き い
を る ゆ む ふ つ ぬ す く う
　 れ 　 め え て ね せ け え
ん ろ よ も ほ と の そ こ お

バイパス法

6 ― アプリを活用して学ぼう

ひらがなトレーニング

にほんご－ひらがな
にほんご－カタカナ

りずむことば

こんなトラブルにオススメ！

音韻意識 ▶ p43

ココがポイント

　聞いた単語が、いくつの音から構成されているのかを手を用いて理解しやすくする方法です。目には見えない音に手の形（視覚情報）や手の動き（固有受容覚）を加えることで、単語に含まれる音の構成を意識しやすくなります。

遊び方

❶「50音」は拍手、「っ」は拳（「グー」）で表現します。

❷まずは大人が見本を見せてから、子どもに真似してもらいます。

応用編

他の言葉遊び（しりとりなど）と組み合わせることで、より音韻がわかりやすくなります。

じゃんけんゲーム

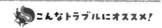

こんなトラブルにオススメ！　音韻意識 ──p43

遊び方

❶ ゴールを決めます。

❷ じゃんけんをします。下図のルールどおりに進んでいきます。

❸ じゃんけんを繰り返して、先にゴールした人の勝ちです。

あそこにある本がゴール

グーで勝ったら「グ・リ・コ」で3歩

チョキで勝ったら「チ・ヨ・コ・レ・イ・ト」で6歩

パーで勝ったら「パ・イ・ナ・ツ・プ・ル」で6歩進んでいきます

ココがポイント

　歩数（身体感覚とリズム）を通して一音を意識することで、音韻処理の力を育むことにつながります。遊びになれてきたら、右図のように足じゃんけんにすることで、協調運動の要素をさらに追加することもできます。

応用編

集団で行うときは、先生と子どもでじゃんけんし、勝った人が進んでいくルールにすると遊びやすいです。

パー　チョキ　グー

遊びに慣れてきたら、じゃんけんを足じゃんけんにするなど工夫してみましょう。

しりとり

こんなトラブルにオススメ！

音韻意識 — p43

しいたけ → けむし → しり

りす → するめ → めろんそーだ

ココ が ポイント

　この遊びは音韻処理の中でも、語頭音／語尾音を意識することにつながります。しりとりに必要な音韻意識は4歳後半ごろから育ち始めます。
　「しいたけ」という単語を聞いたときに、「si / i / ta / ke」と4つの音に分解でき、さらに語頭音の「si」と語尾音の「ke」に注目できるようになると、しりとりが成立します。しりとりができると、読み書きに必要な音韻処理は獲得されていると考えられているので、音韻処理の発達の程度を見積もる目的でも使える遊びです。

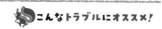

ことばあつめ

こんなトラブルにオススメ！

音韻意識 ——p43

遊び方

❶集める単語の最初の音を決めます。
❷決めた音から始まる単語を交互に言い合い、たくさん言えたほうの勝ちです。

応用編

● お助けカードとして、特定の音からはじまる単語のイラスト集を渡しておくと、子どもが自分で単語を思いつけなくてもゲームを楽しむことができます。

　音韻処理の中でも、特に語頭音への注目を促す遊びです。
　特定の一音を繰り返すことになるので、そのお子さんにとって特に覚えづらい音を選ぶと、楽しく苦手を克服することができるかもしれません。また、遊びを通して語彙を増やすことにもつながります。

たぬきことば

こんなトラブルにオススメ！

音韻意識 ──p43

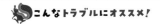

遊び方

❶「たぬき」から「ぬ」を
ぬくと？　というような
問題を出し答えてもらい
ます。

応用編

● ３文字の単語に限定して、
なかぬきしりとりにする
と、より高度な音韻処理
を必要とする遊びに展開
できます。

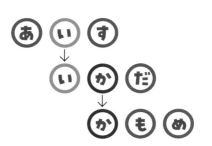

コ コ が ポイント

　この遊びでは、聞いた単語の音を頭の中で並べ（「ta/nu/ki」）、そこ
から特定の音を抜いて、音を組み直し、音声として発する（「ta/ki」）と
いう処理を行うため、高度な音韻処理の力を育むことにつながります。

さかさまことば

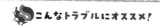こんなトラブルにオススメ！

音韻意識 ── p43

遊び方

❶「く・る・ま」をさかさまから読むと？　というような問題を出し答えてもらいます。

❷言葉を変えたり、音の数を増やしたりして、難易度を調整していきます。

がポイント

　①聞いた言葉を音に変換する、②音を分解する、③音を並び変えて再構成するという複数の操作を頭の中で行うため、ワーキングメモリも必要になる遊びです。

　短い言葉から長い言葉へと段階づけていくことで、音韻処理とワーキングメモリの両方を育むことができ、その後の文章読解の能力にもつながると期待されます。

あいうえおボード

🐲 こんなトラブルにオススメ！

音韻意識	p43
音の弁別	p43

ココ が ポイント

個々の文字を読めるようになるためには、①文字の形がわかること、②文字の形に対応する音がわかること、の2点が大切です。あいうえおボードは、ボタンを1回押すという動作を含むので、触覚・固有受容覚を伴いながら文字の形と音を一致させていくことにつながります。そのため、様々な感覚を通して音韻処理を育むことができると期待されます。

✂ オススメ ✂

「おしゃべりあいうえお
はじめてのひらがな・カタ
カナ」

発行：永岡書店

ひらがなカルタ

こんなトラブルにオススメ!

| 音韻意識 | ──p43 |
| 音の弁別 | ──p43 |

ココがポイント

　この遊びは音韻処理の中でも、語頭音（単語の一番最初の音）を意識することにつながります。カルタの文章を読み上げるだけでなく、「あり」の「あ」は？と語頭音への注目を促すように声かけをすると良いでしょう。

　最初は少ない枚数から始めて、だんだんと枚数を増やしていくと難易度を調整できます。また、お子さんの興味にあったカルタを選ぶこともポイントです。

オススメ

「あいうえおカルタ」
発行：永岡書店

ことばさがし

こんなトラブルにオススメ！

単語認識 ——p44

遊び方

❶ 3×3のマス目にひらがなを並べます。

❷ その中に隠れている言葉を見つけていきます。

❸ なれてきたら、マスの数を4×4、5×5、というように増やしていきます。

ココ がポイント

適当に並べられた文字から単語のまとまりを見つけ出していくことで、文字→音への変換→意味の理解という処理の過程を素早く効率的に行えるようになることを促します。

繰り返し遊ぶことで、文字から単語の意味への変換がスムーズになり、滑らかに音読ができるようになることが期待されます。

＼ オススメ ／

「もじミッケ！ことば探し 脳トレパズル」

開発：masato fushimi

販売：app store/Google play

五十音を覚えよう！バイパス法

こんなトラブルにオススメ！

音韻意識 ——— p43
音の弁別 ——— p43

●以下のトレーニングに対して、意欲的に取り組める子どもが対象の方法です。

わ	ら	や	ま	は	な	た	さ	か	あ
	り		み	ひ	に	ち	し	き	い
を	る	ゆ	む	ふ	ぬ	つ	す	く	う
	れ		め	へ	ね	て	せ	け	え
ん	ろ	よ	も	ほ	の	と	そ	こ	お

ステップ1

わ	ら	や	ま	は	な	た	さ	か	あ
	り		み	ひ	に	ち	し	き	い
を	る	ゆ	む	ふ	ぬ	つ	す	く	う
	れ		め	へ	ね	て	せ	け	え
ん	ろ	よ	も	ほ	の	と	そ	こ	お

ステップ2　　　（宇野ほか，2015）

遊び方

ステップ1：「あかさ…わをん」までを暗唱します。

ステップ2：
「あ、あいうえお
　あか、かきくけこ
　あかさ、さしすせそ……」
と各行の頭の文字を言いながら最後の行に達したらあ段からお段まで暗唱します。

ステップ3：「あ」から覚えているひらがなをできるだけ書いてみます。

ココがポイント

●ステップ1は、あ段の音（あ・か・さ・た・な・は・ま・や・ら・わ）に「を」と「ん」を加えた音を覚えていく段階です。
つまったところがあれば、その音をゴールとし、「あ」からゴールまでできるたびに一文字ずつ暗唱していく文字を増やしていきます。3日間連続で全て暗唱できるようになったらステップ2に進みます。

●ステップ2は、あ段の音とその下に続く音をつなげて覚えていく段階です。まずはお手本を聞いてから暗唱していきます。つまったところがあれば、その行をゴールとし「あ」からゴールまで暗唱します。できるごとに暗唱していく行を一行増やしていきます。3日間連続で五十音すべてできるようになったらステップ3に進みます。

●ステップ3は、ひらがなの形と音を対応させていく段階です。
まずは何も見ないで、覚えているひらがなを「あいうえお」から順番に書いていきます。書いているひらがなのうち7〜8割を正解できる箇所まで書き、書けなかった部分だけを練習します。再度「あ」から始め、7〜8割正解できる箇所まで書くことを繰り返します。3日間連続ですべてできたらクリアです。

ひらがな トレーニング

こんなトラブルにオススメ！

音韻意識 —— p43
音の弁別 —— p43

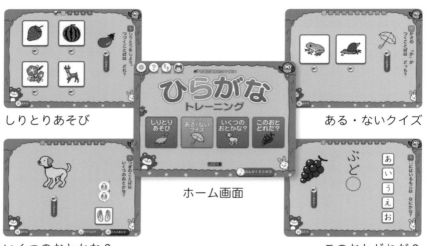

しりとりあそび

ホーム画面

ある・ないクイズ

いくつのおとかな？

このおとどれだ？

ココがポイント

　「あ」という文字の形に「a」という音が対応していることの理解が難しく、ひらがなの読み書きを覚えられないお子さんがいます。このアプリは、語尾音の理解、一音の理解、拍の理解、文字と音の対応など、読字に必要な音韻処理の様々な側面をゲームの中で学べるようにつくられています。

　発達の順序を考慮すると、「いくつのおとかな？」→「しりとりあそび」→「ある・ないクイズ」→「このおとどれだ？」と進めていくと良いでしょう。

オススメ

「音韻認識力をはぐくむ！
ひらがなトレーニング」
発行：明治図書出版株式会社
https://www.meijitosho.co.jp/
app/kanatore/

6 アプリを活用して学ぼう

にほんご―ひらがな
にほんご―カタカナ

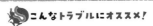

こんなトラブルにオススメ！

| 音韻意識 | ─ p43 |
| 音の弁別 | ─ p43 |

なぞり書き

ことば選び

かるた

ココがポイント

　ひらがなやカタカナの基礎を多面的に学べるアプリです。

　方向や書き順の視覚的なガイドがあり、さらに音声で音を教えてくれるので、読み書きの両方にアプローチすることになります。また、ことば選び（イラストから文字を想起）やかるた（音からの視覚的なイメージの想起）は、読字の基礎となる文字を使いこなす力を育むことにつながります。

オススメ

「にほんご-ひらがな
にほんご-カタカナ」
開発：hk2006
販売：app store/Google play

Part 4

読み書き支援
プログラム集

書字編

書字（ひらがな・漢字）の学習支援

読字・書字のいずれにおいても大切なことの1つに、「文字の形がわかること」があります。つまり、頭の中に図形としての文字のイメージを思い浮かべることができる、ということです。

図形の認識というと、視覚だけが重要だと思われるかもしれません。しかし、私たちが図形を認識するときには、実は視覚だけでなく、触覚や固有受容覚といった感覚も使っています。

例えば、北田（2016）は、物体の形状を識別するときには、触覚や固有受容覚を処理する体性感覚野と高次視覚野の両方が活動すると指摘しています。また、書き順のように、運動を通して文字のイメージをつくる場合には、固有受容覚が重要な役割を果たします。

記憶の定着にどの感覚が役立つかは、お子さんによって変わります。視覚が一番頼りになるというお子さんもいれば、固有受容覚や触覚の方が、あるいはこれら複数の感覚の組み合わせを用いた方が覚えやすくなるというお子さんもいます。

お子さんの得意な力や苦手な力、わかりやすい感覚などを見定めたうえで、適切な支援プログラムを提案することが重要です。

1 ── 視覚を活用しよう

ひらがな色分け

空間色分け

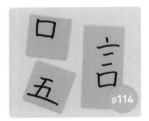

漢字パズル

ミチムラ式漢字カード

漢字の成り立ち

習字で書いてみよう

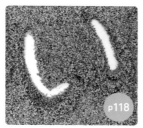

いろいろなもので
書いてみよう

文字を作ってみよう

文字当てゲーム

この文字何かな？

ひらがな色分け

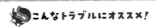

線の分解／再統合 —— p67

　文字がどのような線の組み合わせで成り立っているのかイメージできず、線の交差部分をうまく書けないお子さんがいます（p67参照）。
　そのような場合、上図のようにそれぞれの線を色分けすることで、線の分解／再統合の理解を促すことができます。学習の習熟に応じて色分けする部分を少なくしていき、難易度を上げていくと良いでしょう。

空間色分け

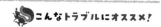

　マスに文字を書くときに、文字の形が歪んでしまったり、文字の大きさがバラバラになってしまったりすることがあります。また、書き始めの位置がわからず、手が止まってしまう場合もあります。このような場合には、空間ごとに色分けされたマスを使ってみると良いかもしれません。

　空間の位置関係を捉えやすくすることで、文字のパーツの配置がわかりやすくなったり、書き始めの位置が決まりやすくなったりすることが期待されます。お手本も同じように色分けされたマスに書かれていると、より効果的と思われます。

＼ オススメ ／

「カラーマスノート」
販売：一般社団法人日本医療福祉教育コミュニケーション協会

漢字パズル

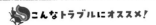
こんなトラブルにオススメ！

文字イメージの定着 —— p68

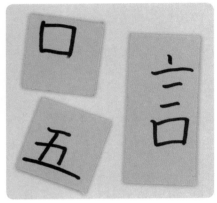

ココがポイント

　繰り返し書きとって練習しても、なかなか漢字を覚えられないお子さんがいます。その中でも、一連の手順（継次処理）による記憶があまり得意でないというお子さんの場合、文字のパーツを組み合わせて再構成する（同時処理）ことによって記憶が定着しやすくなる可能性があります。

　漢字パズルは、視覚的なパーツの組み合わせを強調することで、漢字の習得を図る方法といえます。

オススメ

『「へん」と「つくり」を合わせるゲーム 漢字はかせ』
発行：株式会社幻冬舎
https://www.gentosha-edu.co.jp/

ミチムラ式 漢字カード

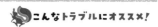 こんなトラブルにオススメ！

文字イメージの定着 ——p68

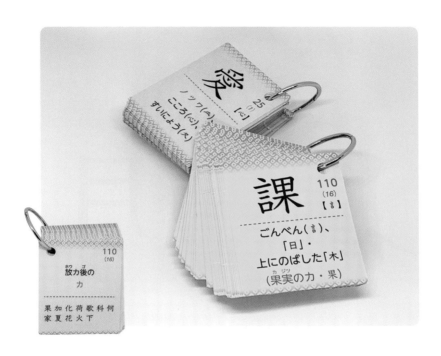

ココ がポイント

ミチムラ式漢字カードは、漢字を構成するパーツを言葉で説明することによって記憶の定着を図るユニークな学習教材です。

視覚的な図形の記憶よりも、言葉で説明された方が漢字の構成がわかりやすいお子さんには特に有効と思われます。

オススメ

「ミチムラ式漢字カード」
販売：かんじクラウド株式会社

漢字の成り立ち

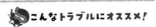

が ポイント

　漢字の形とその漢字ができた過程を物語として覚えることで、記憶の定着を図る方法です（ストーリーや出来事に基づく記憶をエピソード記憶といいます）。

　右の「漢字えほん」は、1〜2年生で習う漢字の成り立ちを紹介している絵本です。

＼ オススメ ／

「漢字えほん」
絵／わらべきみか
発行：ひさかたチャイルド

習字で
書いてみよう

こんなトラブルにオススメ!

| 触覚・固有受容覚 | ── p66 |
| 文字イメージの定着 | ── p68 |

ココがポイント

　文字イメージの記憶は、視覚（形）、聴覚（音）、触覚・固有受容覚（書き順）の情報が統合されることで形成されていきます。

　習字は筆を操作する際に、一書一書を強調して書くため、触覚・固有受容覚の情報がより強調され、文字を習得しやすくなると期待されます。また、右の「お習字ボード」は、墨ではなく水を使って書くので、汚れる心配がなく、繰り返し使えてオススメです。

オススメ

「NEWお習字ボード」
発行：くもん出版

いろいろなもので
書いてみよう

こんなトラブルにオススメ！

触覚・固有受容覚 ── p66

文字イメージの定着 ── p68

 ココ
がポイント

　砂やムースに直接指を使って書くことで、紙に書くときよりも触覚・固有受容覚の情報をより際立たせることができます。このような方法を用いることで、運動を通した文字の習得を図ります。

　また、ムースのように普段触る機会の少ないもので練習すると、触覚がよりいっそう強調されるので、文字の記憶が定着しやすくなる可能性があります。

文字を 作ってみよう

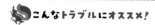
こんなトラブルにオススメ！

触覚・固有受容覚	— p66
空間の知覚	— p67
文字イメージの定着	— p68

ココがポイント

　見本を見ながら、粘土やモールを使って文字を構成します。形を作る過程を通して、線の交差部分がわかりやすくなります。

　また、手でこねたり曲げたりすることで、線の長さや配置のバランスを、視覚だけでなく触覚や固有受容覚を通して理解することができます。

文字当てゲーム

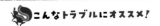

こんなトラブルにオススメ!

文字イメージの定着 ── p68

ココ
がポイント

　五十音表を見ながら自分の背中に書かれた文字を当てるゲームです。触覚情報と視覚情報とを一致させていくことで、文字のイメージや記憶の形成・定着を図ります。慣れてきたら、1文字→2文字→3文字と背中に書く文字数を増やしていくことで、複数の文字をまとまりとして捉えることにも挑戦してみましょう。

この文字何かな？

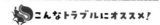

こんなトラブルにオススメ！

| 触覚・固有受容覚 | p66 |
| 文字イメージの定着 | p68 |

遊び方

❶五十音表、子どもの手が入る大きさの箱、ひらがなパズルを準備します。

❷箱の中にひらがなパズルを数個入れます。

❸箱の中に手を入れて触ってもらい、どの文字なのかを指差して答えてもらいます。

ココがポイント

　目で視覚的に文字の形を捉える力と、手で触覚・固有受容覚的に形を捉える力には関連があります。

　これらの感覚情報が統合されることで、丸・四角のような単純な形だけでなく、ひらがな・カタカナ・漢字のような複雑な形も捉えられるようになっていきます。

　この遊びは、目で見ている形（五十音表）と触っている形（パズル）とを一致させようと探索することで、触覚の中でも、対象の形などの特徴を捉える機能が働きやすくなり、感覚情報の統合が促進されると期待されます。

　文字の識別が難しいときは、四角や三角など単純な形を当てるところから始めてみましょう。

\オススメ/

「お風呂でパズルもじあそびひらがな」
販売：株式会社成近屋

Part 5

読み書き支援
プログラム集

環境支援編

姿勢バランスの環境支援

　学習時の身体の姿勢は、学習のしやすさに大きな影響を与えます。例えば、机の傾斜角度と計算作業の効率との関連性を調査した山口ら（2017）の研究では、机の傾斜角度が0°のときよりも10°や20°のときのほうが、姿勢保持の負担が軽減され、机上での活動効率が高くなる可能性が示唆されています。

　したがって、姿勢保持の負担がなるべく少なくなるように机やイスに工夫を施すことが、学習の支援につながると考えられます。例えば、姿勢保持の負担が減るように膝当てをつけた前傾座面イス（プロポーションチェア）と通常のイスとを比較した研究（鈴木ら, 2011）では、前傾座面イスのほうが、体幹筋への負担が軽減されたと報告されています。

　姿勢保持の負担が減ることは、注意の持続や眼球運動の向上にもつながるため、姿勢バランスを環境から支援することは、読み書きの困難さに対する有効なアプローチといえるでしょう。

　姿勢バランス機能そのものを高めるアプローチも重要です。はびりすでは、姿勢バランス機能のトラブルがあると評価されたお子さんに対して、粗大運動を用いたアプローチも行っています。姿勢バランス機能が高まることで、書字運動が向上するお子さんがたくさんいます。机上でのプログラムだけではなく、評価に基づき、粗大運動を通したアプローチを行うことも有効な手段として念頭に置いておく必要があります。本書では詳しく扱いませんが、高畑ら（2019）や鹿野ら（2019）に掲載されているプログラムを参照してください（p185参照）。

机・イスのチェック

プロポーションチェア

正座

書見台

たすき掛け

机・イスのチェック

こんなトラブルにオススメ！

姿　勢　→ p66

ココがポイント

　学校の机とイスは、日本工業規格（JIS規格）をもとに選定されます。JIS規格は、身長をもとに適切な机の高さ、イスの高さを定めています。また机とイスの適合評価の方法として以下を挙げています（日本産業標準調査会, 2011）。

①靴を履いた足が床にぴったり着いている
②机の下部に十分な下肢領域があり、大腿部を自由に動かせる
③座面の前の部分で、座面および大腿部の間に圧迫がない
④机の高さは、上腕をまっすぐに下に伸ばした状態で、肘の位置が机面の先端部の高さとほぼ同じ位置にくる
⑤背もたれは、腰の部分および肩甲骨の下の部分で、背中をしっかり支える
⑥膝の裏側と座面の先端部の間には、隙間がある
⑦背もたれと座面との間に適切な隙間があり、臀部を自由に動かせる

※③は、座面先端部が大腿部裏面側を圧迫しない形状であることを意味しています。

プロポーション
チェア

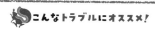こんなトラブルにオススメ！

姿　勢　——— p66

コ コ が ポイント

　眼球運動や書字運動は姿勢の影響を大きく
受けます。例えば、ねこ背でイスに座ると、
首をコントロールする筋肉が過剰に伸び縮み
するため、この動きと連動している眼球運動
が阻害され、読字のしづらさにつながります。
　プロポーションチェアは、座面と膝からの
反力によって姿勢保持の負担が軽くなるイス
です。姿勢保持筋の働きが弱いお子さんに適
用することで、読み書きがしやすくなる可能
性があります。

＼ オススメ ／

「プロポーションチェア」
販売：株式会社宮武製作所
http://miyatake-ss.jp/

※小さなお子さんでも使用可能
　な補助クッション付きの製品
　もあります。

正座

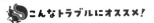こんなトラブルにオススメ！

姿　勢 ——p66

がポイント

　正座をすると、脚の関節と骨盤が固定されやすくなります。そのため、姿勢が左右にブレにくくなり、座位姿勢が安定するとともに、背筋が伸びて頭部が安定しやすくなります。お子さんによっては、正座をしてもらうことで、集中力が持続しやすく、眼球運動がスムーズになって、読み飛ばしや書き間違いが少なくなる可能性があります。

書見台

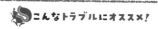
こんなトラブルにオススメ！

姿勢 —— p66

ココ が **ポイント**

　書見台を用いることで、ノートや教科書の
見やすさや、読むときの姿勢が改善される場
合があります。

　なお、机・イスの高さ、お子さんの姿勢の
違いによって、最適な角度が異なるため、様々
な角度を試してみると良いでしょう。

オススメ

「卓上イーゼル」
販売：有限会社ラジカルアート

たすき掛け

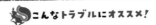

 →  →

→  →

写真の製品（バンド）は「セラバンド黄色　約12.5cm×長さ5.5m」
Thera-Band社製です。

ココ が ポイント

　ねこ背になってしまう理由の1つとして、重力に負けないように姿勢
を保つ筋の働きが弱いことが挙げられます。これらの筋は、背筋を伸ば
し、頭部を支えて眼球運動の土台を作ったり、肩甲帯を安定させて手先
の細やかな操作を助けたりする働きをしています。

　たすき掛けをすると、肩が後ろに引かれるため、これらの筋（特に僧
帽筋や広背筋）の働きが補助されて、読み書きしやすくなることがあり
ます。肩が後ろに引かれ、胸を張れていることが、うまく結べているか
を見分けるポイントです。

Program 視覚関連機能の環境支援

　ここでは、視覚関連機能に着目して、文房具をはじめとする環境支援の例を紹介します。

　実際の支援の中で、ご家族やお子さんに感想を聞いていると、使いやすいと教えてくれる道具は一人ひとり違います。お子さんの特徴に合わせて道具を提案することが大切です。

　使いやすい道具に出会うだけで、読み書きが楽しくなったというお子さんがたくさんいます。様々な道具を試し、「これは読みやすい！」「これは使いづらい……」などと使い心地を確認しながら、ぜひ自分にぴったりの道具を探してみてください。

「出張読み書き教室」で使用している文具セット

1 ── 文章提示の工夫

きのう／ぼく／
こうえん／に／いきま
こうえん／には／りょ
いました。
りょうくん／と／いっ・
グラウンド／で／やき・
しました。

p133

文章スラッシュ

「きょう は てんき が いい
そと で 体育 を します

p134

わかち書き

2 ── 読み方の工夫

p135~

タイポスコープ、
クリアファイルver

p137

定規ガイド

p138

カラーバールーペ

p139

遮光眼鏡

p140

iPad ～色反転／光量調整機能～

3 ── 板書の工夫

p141

撮影

p142

ノートアプリ

p143

プリント配布

文章スラッシュ

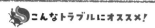こんなトラブルにオススメ！

| 眼球運動 | ─p36 |
| 単語認識 | ─p44 |

● 方　法

● 文章を言葉ごとに区切っていきます。
特に単語と助詞を区切ることで読みやすくなります。

> きのう／ぼく／は／おとうさん／と
> こうえん／に／いきました。
> こうえん／には／りょうくん／が
> いました。
> りょうくん／と／いっしょ／に
> グラウンド／で／やきゅう／を
> しました。

● 応用編

● 音読の際には、区切られた文章を一緒に見ながら、大人が文章を先に読み上げ、次に子どもに読んでもらうようにすると単語の位置と音の対応がわかりやすくなり、音韻処理の支援にもつながります。

ココ が ポイント

　文章中の文字をどこで区切ったらいいのかがわからないため、読み方がたどたどしくなり、言葉の意味がわからなくなるというお子さんがいます。その場合、言葉ごとに区切りを入れていくことで、複数の文字をひとまとまりの単語として捉えやすくなる可能性があります。

わかち書き

こんなトラブルにオススメ！

眼球運動 —— p36

単語認識 —— p44

「きょうはてんきがいいので
そとで体育をします」

「きょう は てんき が いいので
そと で 体育 を します」

ココがポイント

　前ページで紹介した文章スラッシュでは、区切り線の影響でかえって読みづらく感じてしまうお子さんもいます。その場合、プリントなどの文章では、言葉の間にスペースを作ってもらうようにすると、内容理解が進む可能性があります。

　小学校１〜２年生の教科書では、文章がわかち書きで記載されていますが、小学校３年生からはわかち書きではなくなります。そのため、小学校３年生から教科書が読みづらくなったという場合には、この方法は特に有効になることが多いです。

タイポスコープ

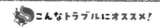

眼球運動 ——p36

ココが**ポイント**

　眼球運動の調整が難しいと、文字や行を読み飛ばしやすくなります。その場合、タイポスコープのように読む場所を明確化することで、読み飛ばしを減らせる可能性があります。

　魔法の定規は、光過敏に対する支援ツールとして開発されましたが、半透明な定規上にラインが引かれており、文字列の下にラインを位置させることで、読み飛ばしが少なくなる可能性があります。

＼ オススメ ／

「魔法の定規」
販売：クロスボウ

タイポスコープ
〜 クリアファイル ver 〜

こんなトラブルにオススメ!

眼球運動 ——— p36

ココが**ポイント**

　タイポスコープを応用したものです。クリアファイルを使ってタイポスコープを製作すると、読む部分の次の行が薄く透けて見えるため、次の行へ枠をずらしやすくなります。

　お子さんによって見やすいと感じる色が異なるため、様々な色を試すと良いでしょう。スリットの形を工夫することで、九九の計算にも用いることができます。

定規ガイド

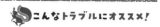
こんなトラブルにオススメ！

眼球運動 ──p36

ココ が ポイント

　特別な道具を使うと、周りの目が気になって恥ずかしいと訴えるお子さんには、定規をタイポスコープの代わりとして用いることをオススメしています。

　縦書き・横書き、文字サイズの大小などに影響されづらく、いろいろな文章に適用しやすいことも定規を活用する利点のひとつです。

オススメ

「見やすい白黒定規
　　　ブラック（15cm）」
販売：株式会社レイメイ藤井

カラーバールーペ

こんなトラブルにオススメ！

眼球運動 ——p36

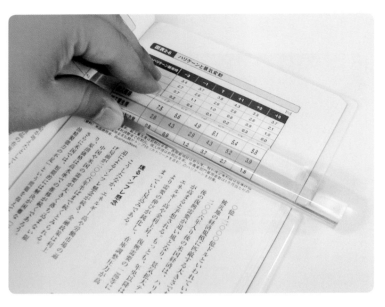

ココがポイント

　カラーバールーペは、文章にカラーラインをあてることで読む行が明確化される道具です。

　虫眼鏡のように文字が拡大されるので、読む位置がいっそう強調されます。また、図表やグラフなどを見比べる際にも用いることができます。

　ラインの色が数種類あるため、カラー蛍光ペンなどであらかじめ自分の見やすい色を調べてから利用すると良いでしょう。

オススメ

「カラーバールーペ」
販売：共栄プラスチック株式会社
http://www.kyoei-orions.com/

遮光眼鏡

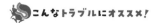
こんなトラブルにオススメ！

視機能（光過敏）── p30

ココ が ポイント

　目に入る光量の調整が難しく、教科書やノートがまぶしく見えてしまうために読み書きが困難になっているお子さんがいます。遮光眼鏡はまぶしさを軽減し、見え方を改善することに役立ちます。

　カラーバリエーションもたくさんあり、専門店に行けば一人ひとりにあった色のレンズを選ぶことができます。

オススメ

「遮光眼鏡」
販売：東海光学株式会社

iPad
〜色反転／光量調整機能〜

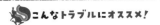

こんなトラブルにオススメ！ 視機能（光過敏）— p30

● 設　定

● その他の設定

　「ディスプレイ調整」の「カラーフィルタ」で画面の色の設定を、「ホワイトポイント」で画面の明るさの設定をそれぞれ変更することができます。

　iPadなどのタブレットを用いる際には、お子さんにとって文字が見やすくなるように画面を設定しましょう。

撮 影

こんなトラブルにオススメ！

| 眼球運動 | —p36 |
| 書　字 | — Part2 |

ココ が ポイント

　板書を行う際、黒板とノートの間を視線が行き来するうちに、黒板のどこを書き写していたのかわからなくなってしまうお子さんがいます。

　ノートテイクの代わりに、iPadなど電子機器のカメラ機能を使って黒板を撮影することで、先生の話を聞く余裕が生まれ、授業内容の理解を促せる可能性があります。

　タブレット用のペンと、書き込みができるアプリを併用すると、撮影した板書の写真に補足情報を追記することができるので、より効果的かもしれません。

オススメ

ご使用の電子機器のカメラ機能をお使いください。

ノートアプリ

こんなトラブルにオススメ！

眼球運動 ── p36

書　字 ── Part2

が **ポイント**

　黒板の情報をノートに書き写すことに時間がかかってしまうために、内容の理解に至らず、授業に追いつけなくなってしまう場合があります。

　授業ノートアプリの中でも、「GoodNotes」は、撮影した写真をノートに貼り付け、書き込むことができるのでオススメです。また、教科ごとにノートを分けたり、手書きで入力した文字を検索して該当ページを見つけたりすることもできます。

╲ オススメ ╱

「GoodNotes 5」
販売：Time Base Technology
　　　Limited
販売：app store/Google play

プリント配布

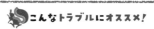

こんなトラブルにオススメ！

| 眼球運動 | — p36 |
| 書　字 | — Part2 |

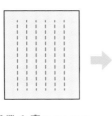

授業内容をまとめた
プリント

ノートに貼り付ける

ココ が ポイント

　授業前に授業内容をまとめたプリントを配り、ノートに貼り付けておく方法です。

　そうすることで、板書の負担が減り、授業の内容に集中しやすくなります。また、プリントに書き込みを行うことで、授業内容の理解をより深めることができます。

文房具・遊びによる環境支援

私には、読み書きに大きな困難がある2人の子どもがいます。

どんな子どもにも苦手なことの1つや2つあるものですが、努力したり頑張ったりするだけで、その苦手を乗り越えられるという子どもはどのくらいいるのでしょうか。私の子どもたちにはたくさんの苦手がありました。周りの子どもたちがいとも簡単にやっていることが、彼らにはとても困難でした。

そんな子どもたちでしたが、私は苦手の壁の向こう側にある「学ぶ楽しさ」を知ってほしいと思いました。いろんなものを試したり、作ったりして、知恵を絞ることで、その壁を乗り越えるきっかけを掴むことができるのではないか。そんな思いで、子どもたちと共に試行錯誤してきました。

ここで紹介する環境支援は、このような私たちの体験がもとになっています。読み書きが苦手なお子さんが「学ぶ楽しさ」を手に入れるためのヒントになれば嬉しいです。

保護者の立場から
ペンネーム
とろまおママ

ホースグリップ

ペンホルダー

もちかたくん

ユビックス

ボンボンヘアゴム
クリップ

油性ダーマトグラフ

マジックペンシル

操作性 （親指・人差し指・中指）	安定性 （薬指・小指）

　文房具操作のように、手指を器用に使うためには、「手のなかで役割分担をする」ことが重要になります。例えば、鉛筆を細やかに操作するためには、親指側の3指（親指・人差し指・中指）が主に活躍します。

　一方で、こういった手指の細やかな操作を支えているのは、小指側の2指（薬指・小指）がつくる「手のなかの安全性」です。このような、手のなかでの役割分担を補助する道具を知ることも重要です。

2 — ノートの工夫

p158

紙やすり

p159

トーンリバーサル
ノートブック

p160

意味順ノート

3 — 遊びを活用した文字学習

p162

フィロタブレット

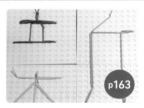
p163

ひもでお絵かきボード

4 — その他の文房具操作の工夫

p164

製図用三角定規

p165

押さえたくなる定規

p166

中車式コンパス

p167

くるんパス

p168

改造リコーダー

ホースグリップ

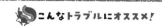

こんなトラブルにオススメ!

運筆コントロール — p66

ココが**ポイント**

　書字の際には、親指・人差し指・中指の3指で鉛筆を操作します。その3指をほどよい力加減でスムーズに動かすためには、薬指・小指の握りを安定させることが大切です。

　安定をうまくつくれないと、親指〜中指で鉛筆を過剰に握り込んでしまい、細やかな運筆コントロールができず、乱雑な文字になってしまうことがあります。その場合、ホースグリップを使うと、薬指・小指の握りが安定し、書字運動が改善する可能性があります。

ペンホルダー

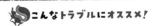

こんなトラブルにオススメ！

運筆コントロール ━p66

ココ が ポイント

　ホースグリップ（前ページ）で薬指・小指の握りを意識できるようになっても、親指〜中指の指先で書字を行った経験が少ないと、どのように鉛筆を持てばよいのかわからないという場合があります。

　ペンホルダーを使うと、指先を使って書く感覚がわかりやすくなり、きれいな文字を書くための手のフォームが形成されやすくなると思われます。

オススメ

「ペンホルダー」
販売：CCINEE

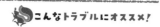

こんなトラブルにオススメ！

もちかたくん

運筆コントロール ── p66

ココがポイント

　ペンホルダー（前ページ）よりも、指先の位置を知らせる補助が少なくなり、より細かな鉛筆の操作が必要となるのが特徴です。

　ペンホルダーは慣れてきたけれど、外すと手のフォームが崩れてしまうというお子さんにオススメです。

＼ オススメ ／

「もちかたくん」
製造：株式会社トンボ鉛筆

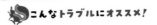
こんな**トラブルにオススメ！**

ユビックス

運筆コントロール — p66

ココ**が ポイント**

ユビックスは、人差し指・中指の根元を固定することで、鉛筆をつまむのに適した手のフォームをつくることに役立ちます。

人差し指の関節が反り返ってしまうほど強く鉛筆を持ってしまうお子さんに適用することで、筆圧のコントロールが行いやすくなる可能性が見込まれます。

オススメ

「ユビックス」
製造：株式会社トンボ鉛筆

ボンボンヘアゴム クリップ

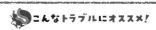

こんなトラブルにオススメ！

運筆コントロール ▶ p66

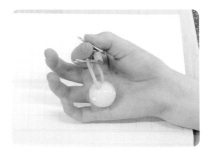

ココ が ポイント

　ダブルクリップと髪飾りのボールを組み合わせて作った手作りの補助具です。ホースグリップとペンホルダーを合わせた機能があります。

　ダブルクリップを親指～中指で挟むようにして持ち、ボールを薬指・小指で握ることで、書字運動が行いやすくなると期待されます。

油性 ダーマトグラフ

こんなトラブルにオススメ！

運筆コントロール ── p66

＼ オススメ ／

「ダーマトグラフ」
販売：三菱鉛筆株式会社

ココが **ポイント**

　小学校低学年の時には、書字だけでなく、色塗りがセットになった宿題がよく出されます。しかし、書字運動が苦手なお子さんにとっては、小さな丸をきれいに塗り潰すことだけでも至難の技です。

　難しい理由の１つに手首の動きがあると思います。手首の動きが硬いと上手く色塗りができません。手首を柔らかく使えるようになれば一番いいのですが、一朝一夕には柔らかくならないので、まずは色塗りが嫌いにならない程度に、それなりにきれいに塗れる色鉛筆を探しました。

　その１つが油性ダーマトグラフです。芯が柔らかく、紙のりがよく、発色がいいですが、クレヨンのようなベタつきがありません。仕上がりの美しさはモチベーションにつながるのでオススメです。

※紐を引っ張って芯を出すタイプのため、難しい場合は保護者・先生に芯を出してもらいましょう。

マジックペンシル

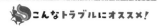

＼ オススメ ／

ココ が ポイント

マジックペンシルは、芯に様々な色が入った色鉛筆です。柄も芯も太いので、握りやすくて描きやすい文具といえます。

仕上がりがとてもきれいなので、書くことへのモチベーションも上がりやすいです。

「色鉛筆
マジックペンシル 13色
セット KIN-340813」
販売：プリコ

三菱鉛筆
Hi-uni 2B

適度な硬さと紙のりの良さを兼ね備えています。

三菱鉛筆
Hi-uni 4B

筆圧が弱い子でも無理なく書ける、柔らかくて濃い芯が特徴です。

三菱鉛筆 硬筆書写用
uni 4B

太めの芯と握りやすさが特徴的です。三角軸と六角軸があります。

三菱鉛筆 硬筆書写用
uni 6B

芯が太いので折れにくく、筆圧が強くても弱くても書きやすいです。

STABILO
Othello282 4B

ちょっと硬めですが、芯のクズがあまり出ません。

ステッドラー
シャープペンシル 1.3mm

握る部分がラバー素材で滑りにくく、しっかりと握ることができます。

KOH-I-NOOR
芯ホルダー5.6mm
───────────
適度な重さのある芯ホ
ルダーです。
───────────

ココ が ポイント

リスのこぼればなし
「出張読み書き教室」

　読み書きが苦手なお子さんを対象に出前支援
を行いました。その時、最も評判がよかったプ
ログラムは、文房具のフィッティングでした。
文房具ひとつで読み書きしやすさがガラリと変
わっちゃうんです。ズシリと重みがあるペンで
書きたい。グリップのモチモチした感触が気持
ちよく思わず使ってみたくなる。ルーペを使う
と文字が見やすくて、どんどん読んじゃうなど。
　親子で、お友達で、いろんな感想を言い合いな
がら、一番使いやすい文房具を探します。自分に
ぴったりの相棒となるような、使い心地の良い、
思わず使いたくなるような文房具に出会えたら、
普段の学習がもっともっと楽しくなります。

　鉛筆はたくさんの種類のものを試してほしいと個人的には考えていま
す。理由は、一口に鉛筆といってもたくさんのメーカーから用途に合わ
せて様々な種類のものが販売されているからです。消しゴムや鉛筆は身
近な文具ではありますが、身近なものだからこそ、たくさんの選択肢の
中から自分にぴったりのものを選び取る経験をしてほしいと思います。
　その中でも、Hi-uniは読み書きに困難があるわが子が、たくさんの鉛
筆を試した中で一番使いやすいと言った鉛筆です。紙の上に書いたとき
の書き味の滑らかさ、色の濃さ、摩耗の少なさが特徴的で、芯がとても
しなやかなので折れにくく、消しゴムを使ったときにきれいに消える点
もポイントでした。uniシリーズには硬筆書写用鉛筆もあり、軸は三角
軸と六角軸の２種類、芯は4Bと6Bの２種類があります。この鉛筆は、
少ない力でも軽く濃く書くことができるので、疲れにくくオススメです。

※使いやすさには個人差があります。

三菱鉛筆　事務用・
製図用消しゴム

鉛筆の芯の硬さによらずきれいに消せます。

トンボ鉛筆
MONO

力強く消しても消しゴムの角から折れません。よく消えます。

PLUS
AIR-IN

軽い力でよく消え、消しゴムのカスもあまり出ません。

PLUS
W AIR-IN

あまり力を入れなくても細かいところまで消せます。

横浜ゴム株式会社
ADVAN 消しゴム

ちょっと硬いので、力を入れすぎる人向きです。

コクヨ
RESARE

ほんの少し硬めですが、軽い力でもきれいに消せます。

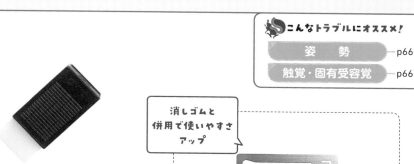
消しゴムと
併用で使いやすさ
アップ

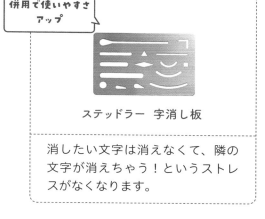

ステッドラー　字消し板

消したい文字は消えなくて、隣の
文字が消えちゃう！というストレ
スがなくなります。

三菱鉛筆
uniダース箱付属消しゴム

強い筆圧で書かれた字で
もきれいに消えます。弾
力のある消しゴムです。

（uni鉛筆1ダース付属）

ココが**ポイント**

　消しゴムで字を消すって、実はなかなか難しいです。片手で紙を押さ
えて、反対の手で消しゴムを持ち、紙は破けないけど書いたものは消え
る程度の絶妙な力加減で、消しゴムを擦らなければならないからです。
　なるべく少ないストレスで、きれいに消える消しゴムを探すべく、多
種多様な消しゴムを買い集め、子どもたちに日々試してもらいました。
　たくさん試しているといろいろな発見がありました。例えば、柔らか
い芯の鉛筆には柔らかい鉛筆用の消しゴムがあるということなどです。
比べてみるとわかることがたくさんありました。

※使いやすさには個人差があります。

紙やすり

こんなトラブルにオススメ!

| 触覚・固有受容覚 | — p66 |
| 文字イメージの定着 | — p68 |

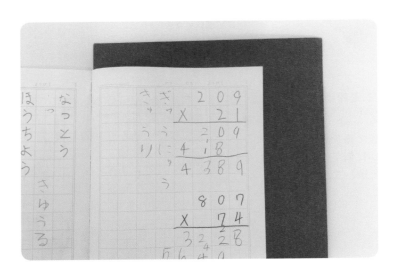

ココが**ポイント**

　指先の感覚が鈍いために、運筆コントロールが難しくなったり、書いている文字を覚えられなかったりするお子さんがいます。

　紙やすりをノートの下敷きとして用いると、摩擦で抵抗感が強くなり、鉛筆の操作や鉛筆の動きを感じ取りやすくなります。

　運動方向の微調整や切り替えが容易になり、とめ・はね・はらい・むすびがしやすくなると期待されます。また、紙やすり以外にも、右のように抵抗感を高める加工が施された下敷きも市販されています。

オススメ

「やわカタ下敷き」
販売：株式会社ソニック

トーンリバーサル
ノートブック

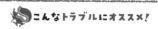

↘ **オススメ** ↙

「TONE REVERSAL
NOTEBOOK」
販売：株式会社19
https://19store.theshop.jp/

ココ が **ポイント**

　白と黒を反転させたノートです。白い紙だと光が反射してまぶしいと
感じる場合や、文字を注視しにくい場合にオススメです。
　なんだか見にくいなと感じたら、このようにノートやペンの色を変え
てみてもいいかもしれません。

意味順ノート

こんなトラブルにオススメ！

空間の知覚 ──p67

その他

オススメ

「意味順ノート」
販売：日本ノート株式会社

ココがポイント

　読み書きが苦手なお子さんは、英語の学習も苦手だと感じることが多いようです。このノートには語順があらかじめ書いてあるので、単語を順番に当てはめるだけで英作文をつくることができます。

　見やすくて、わかりやすいつくりになっているので、単語と単語をくっつけすぎたり、語順を間違えてイライラしたりするのを減らします。

『学習で使用する その他の文房具操作の工夫』

学習に関する相談のなかで、鉛筆・消しゴム以外にも、定規、コンパス、リコーダーなどの操作に関する困り感があります。これらは、主に算数や音楽で使用する道具です。手の操作という観点でポイントになるのは、**両手の協調動作**と**手指の微細運動**です。

例えば、定規で線を引くためには、利き手で鉛筆を操作し、非利き手で定規が動かないように押さえる必要があります。つまり、定規は両手の協調動作が必要な道具です。また、コンパスで円を描くためには、指先（親指・人差し指・中指）でコンパスの頭をつまんで細やかに動かす必要があります。コンパスは手指の微細運動が必要な道具といえます。

さらに、リコーダーを吹くためには、両手でリコーダーを支えながらも、各々の手指が異なる動きをする必要があります。つまり、リコーダーは両手の協調動作と手指の微細運動の両方が必要な道具なのです。ここでは、両手の協調動作の発達について簡単に紹介します（手指の微細運動はp62、p145を参照してください）。両手の協調動作は、大まかには以下の順序で発達します。

❶左右対称の両手動作：拍手・バンザイなど
❷左右交互の両手動作：ジャングルジムを登る、ロープを手繰り寄せる、太鼓をたたくなど
❸左右が異なる両手動作：紙を持ちながらハサミで曲線に沿って切る、お茶碗を支えながらお箸を操作するなど

定規で線を引くことは、左右が異なる両手動作（❸）になります。この動作を獲得するためには、その前段階として、左右対称の両手動作（❶）、左右交互の両手動作（❷）が十分に育っていることが大切です。

以降のページでは、定規・コンパス・リコーダーの操作を助ける工夫を紹介していますが、両手の協調動作そのものの発達を促すアプローチも重要です。詳しくは、高畑ら（2019）をご参照ください。

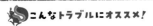

フィロタブレット

こんな**トラブルにオススメ！**

| 線の分解／再統合 | — p67 |
| 文字イメージの定着 | — p68 |

ココが**ポイント**

　ひもを使ってお絵描きができる道具です。専用のペンにひもを通して、ボードに書き込んでいきます。

　線やパーツごとに色を変えながら文字を覚えるときなどにオススメです。

＼ オススメ ／

「フィロタブレット」
販売：株式会社ボーネルンド

ひもでお絵かき ボード

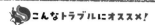

こんなトラブルにオススメ！

| 空間の知覚 | ─ p67 |
| 文字イメージの定着 | ─ p68 |

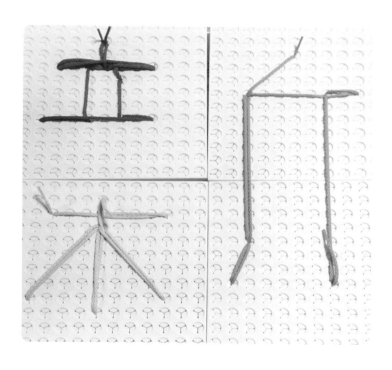

ココがポイント

　専用のペンにひもを入れてボードの穴に差すと穴から穴へとひもがつながり、お絵描きができます。

　漢字のへんやつくり、線の長短、傾きなどを楽しく学べます。

オススメ

「ひもでお絵かき！フィロ」
販売：株式会社ボーネルンド

製図用三角定規

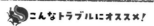
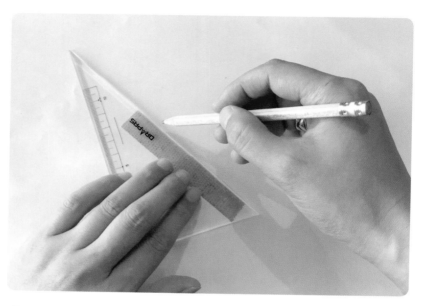

 ココ が ポイント

通常の三角定規を使って垂直・平行な線を描くときに、手で定規を押さえたり、定規の位置を滑らせたりすることが難しいお子さんには、大きくて厚みのある製図用三角定規がオススメです。

さらに、裏面にビニルテープを貼って、滑りにくくすることで、そっと手で押さえるだけで定規が動きにくくなり、垂直・平行線が描きやすくなります。

オススメ

「三角定規（15cm、3mm厚）」
販売：ドラパス株式会社
http://www.drapas.co.jp/

こんなトラブルにオススメ！

押さえたくなる定規

その他

オススメ

「Qスケール15」
販売：株式会社ゴムQ

ココ が ポイント

　直定規を使って線を引くとき、定規を手でうまく押さえられずに定規が動いてしまうお子さんがいます。そんな時は、押さえている感覚を強調する工夫があると良いかもしれません。

　例えば、定規の上面に紙やすりを貼り付けると、触覚の情報が強調されて押さえている感覚がわかりやすくなる場合があります。また、定規を火で炙り、中央部が少し浮くように曲げておくと、押さえるときの抵抗感が増すことから固有受容覚の情報が強調されます。

　このような発想から生まれた商品に「Qスケール」があります。この定規には、押さえやすさの工夫に加えて、目盛り線の長さを数値の増加に合わせて長くしていくことで、読み間違いを防ぐ工夫も施されています。

中車式コンパス

こんなトラブルにオススメ！

その他

オススメ

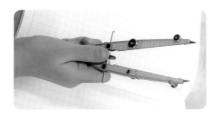

「マルス552　中車式コンパス」
販売：ステッドラー日本株式会社
URL：https://www.staedtler.jp/

ココ が ポイント

　コンパスを上手く使えないお子さんは、半径を正確に測ることができなかったり、上のつまみ部分ではなく脚の部分を持って回してしまったりすることがあります。

　このコンパスは、脚の間についた車（上図の↑）を回すことで脚の開き具合を変えられるので、細かく正確に半径を測ることができます。また、コンパスを動かしている途中でも脚が動きにくく、きれいに円を描くことができます。

くるんパス

① にぎって

② くるんと

③ まわすだけ

 ココが**ポイント**

　コンパスは、つまみ部分を親指と人差し指で持ち、指を滑らせることで円を描く道具です。しかし、力加減など運動の調整が難しいお子さんにとって、このようなコンパスの操作はとても難しいことが多いです。

　なかには自分なりに考えて、コンパスの両脚を持って両手で回してみようとトライするお子さんもいますが、やっぱり力加減が上手くいかず、どちらかの脚が動いてしまって上手く円を描けません。

　くるんパスは、コンパス上部のキャップ部分をグーで握り、くるんとまわすことで円を簡単に描くことができるので、このようなお子さんにオススメです。

オススメ

「スーパーコンパス
　くるんパス」
販売：株式会社ソニック

改造リコーダー

その他

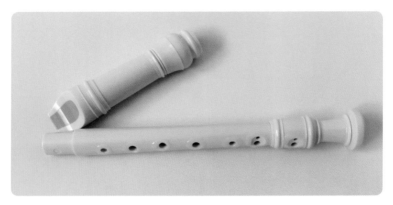

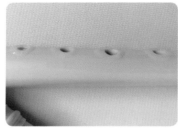

ココがポイント

　リコーダーを吹く時に、指でしっかりと穴を押さえられず、きれいな音が出せないお子さんがいます。そんなとき、木工用ボンドを穴のまわりに盛ると、穴を塞ぎやすくなります。

　魚の目パッドを貼っても同じ効果が期待できますが、見た目が気になる場合は木工用のボンドの方が目立たなくてオススメです。

Program ICTを利用した環境支援

情報通信技術

ICT（Information and Communication Technology: 情報通信技術）を活用した学習支援の効果は、1990年ごろから海外を中心に報告されてきました。例えば、書字速度や文字の読みやすさの大幅な向上、内容理解・読解力・学業成績・学業への動機付けの向上や精神的な不安の減少などの効果が報告されています（Higgins & Raskind, 2005 ; Milani et al., 2010）。

現在では、写真で撮影した文字の読み上げ機能など、新しいツールがどんどん開発されています。ICTをうまく活用することで、読み書きに困難があるお子さんへの支援はより充実したものになるでしょう。

iPad ～ひらがな入力、
読み上げ機能～

黒板・プリントスキャン

OCR ～画像テキスト読み上げ
編／ふりがな編～

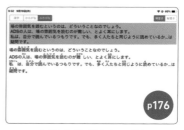

自動ふりがなアプリ

漢字辞書アプリ

UD フォント

iPad
～ひらがな入力～

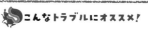
● 入力画面にて

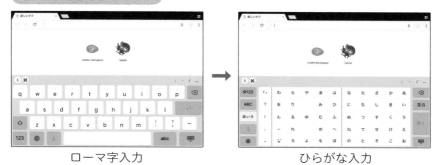

ローマ字入力 → ひらがな入力

● 設　定

ひらがな入力機能を設定することで、タブレットを使ったノートテイクや、様々なアプリの文字入力が行いやすくなります。

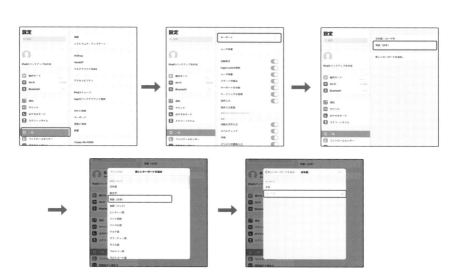

iPadは、米国およびその他の国で登録された Apple Inc. の商標です。
本書は、出版物であり、Apple Inc. が認定、後援、その他承認したものではありません。

iPad
～読み上げ機能～

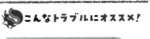

❶テキストの範囲を指定します。

❷読み上げをタップすると、選択した範囲の読み上げが開始されます。

● 設　定

読み上げ機能を設定することで、WEBページの文字情報を読み上げてくれるだけでなく、OCRなどのアプリ（p174）で取り込んだ文章も読み上げてくれます。

---

iPadは、米国およびその他の国で登録されたApple Inc.の商標です。
本書は、出版物であり、Apple Inc.が認定、後援、その他承認したものではありません。

黒板・プリント スキャン

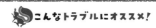
こんなトラブルにオススメ！

眼球運動 —— p36

書　字 —— Part2

❶アプリを開き「＋マーク」を選択します。

❷青いシートがプリントに合わせて広がり、自動で撮影します。全て撮影したら、右下の数字を選択します。

手動での撮影や連続で撮影もできます

❸撮影したデータを「写真」に保存することで、OCRアプリ（p174）でもこのデータを使用することができます。

❹左上の「保存」を押すと、アプリ内にデータが保存されます。

❺データは撮影した時のかたまりで保存できます。教科ごとに分けて整理するのがオススメです。

ココがポイント

　このアプリは、黒板やプリントを画像として取り込み、サイズや色合いを調整し、読みやすいように加工してくれます。

　黒板の内容をスキャンすることで、板書にかかる負担が減り、内容理解に集中しやすくなると期待されます。

　また、プリントの外枠を自動認識した後に撮影してくれるので、手先が不器用なお子さんでもきれいに画像を取り込むことができます。

◇ オススメ ◇

「Scanner Pro
文書スキャン＆ファックス」
開発：Readdle
販売：app store/Google play

OCR

画像テキスト読み上げ編

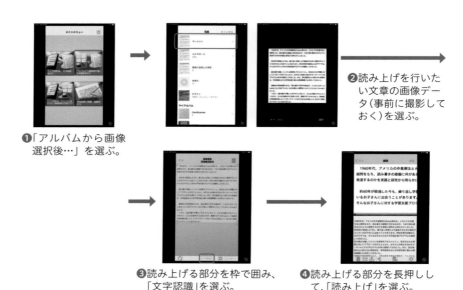

❶「アルバムから画像選択後…」を選ぶ。

❷読み上げを行いたい文章の画像データ（事前に撮影しておく）を選ぶ。

❸読み上げる部分を枠で囲み、「文字認識」を選ぶ。

❹読み上げる部分を長押しして、「読み上げ」を選ぶ。

※文字認識の精度を高めるためには、画像の歪み、教科書の湾曲、部屋の明るさに注意して撮影することが重要です。ちなみに、「丸ゴシック」で書かれた文字であればかなり正確に読み込んでくれることが多いです。

ココがポイント

　「e.Typist world OCR」は画像に写っている文字を認識し電子テキストへと変換できるアプリです。変換した文書をiPadの読み上げ機能を使って音声化できるため、文章の読みが苦手なお子さんにオススメです。

OCR（Optical Character Reader）
手書きの文字や印刷された文字を読み取り、電子テキスト化する技術のこと。

ふりがな編

❶「カメラ撮影後、文字認識を行う」を選択

❷読みたい文全体が入るように撮影します

❸読みたい部分を枠で囲み、右上のボックスを選択

❹白黒表示を選択後、文字認識を選択

❺文を長押しし、全体を選択、コピーします。

「自動ふりがなアプリ」へ
(p176)

ココ が ポイント

　前ページで紹介した画像テキスト読み上げ機能に加えて、読み方がわからない漢字にふりがなをつける機能もついています。漢字の読みが苦手なお子さんにオススメです。

＼ オススメ ／

「e.Typist world OCR」
開発：株式会社NTTデータNJK
販売：app store/Google play

自動ふりがな
アプリ

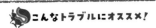
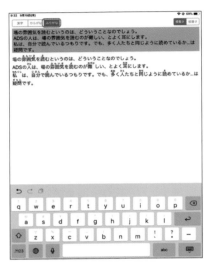

❶左上の欄を「ふりがな」に設定します。
❷灰色のエリアにコピーした文章を貼り
　付けると自動的にふりがなが振られま
　す。

❸右上の設定で、表示される文章を「横
　書き」「縦書き」の2種類から選択でき
　ます。

ココ が ポイント

　言葉の意味はわかるのに、漢字が読めない
ために授業についていくことやテストの問題
を読むことが難しいお子さんがいます。
　OCRアプリと組み合わせることで、貼り付
けた文章を読み上げることもできます。

オススメ

ふりがな
振仮名

「ふりがな」
開発：telethon株式会社
販売：app store/Google play

漢字辞書アプリ

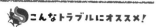
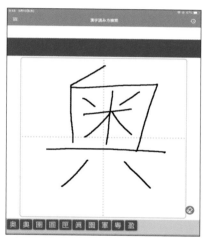

❶漢字を手書きすると、画面下方に候補が表示されます。

❷該当する漢字を選ぶと、音読みと訓読みの読み方が表示されます。

読み方がわからない漢字を平仮名に変換してくれるアプリです。「自動ふりがなアプリ」（前ページ）との違いは、手軽に手書き入力できるので、1文字の漢字を素早く調べたいときに役立つことです。

特に、教科書やプリントなどに載っている漢字を調べたいときにも使いやすいです。

＼ オススメ ／

「手書き漢字辞典」
開発：Flipout LLC
販売：app store/Google play

UDフォント
（丸ゴシック）

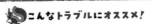こんなトラブルにオススメ！

形の捉え ───p38

●UD丸ゴシック	あいうえお 国語算数理科社会
●ゴシック体	あいうえお 国語算数理科社会
●明朝体	あいうえお 国語算数理科社会
●教科書体	あいうえお 国語算数理科社会

 ココ が ポイント

　書体（フォント）にはたくさんの種類があります。フォントにはそれぞれ特徴があり、どのフォントを使うかによって読みやすさも異なります。例えば、明朝体や教科書体のように、縦と横の線の太さが違うと違和感を抱いてしまうお子さんや、文字の中に含まれる「うろこやとめ、はらい」（上図の○で示した部分）に焦点が当たってしまい、文字全体の形を捉えることが難しくなってしまうお子さんに出会うことがあります。

　そのような時には「丸ゴシック」のように線が均一化されたフォントにすることで、読みやすさが改善される可能性があります。また、最近はUniversal Designフォント（UDフォント）など、様々な人にとって読みやすく工夫されたフォントも開発されています。

　お子さんによって見やすいフォントは異なるので、様々なフォントを試してみると良いでしょう。

プチ COLUMN 『合理的配慮』

　子どもの特性に合わせて支援を行うと「ずるい!」といわれることがあります。全員に同じ支援をしないと「平等」にならないというのです。しかし、同じ支援を平等に行ったとしても、全員の「過ごしやすさ」が同じになるとは限りません。このことをわかりやすく示した有名なイラストがあります。3人で野球観戦をしているのですが、そのままでは塀があって向こう側が見えない人もいるというものです。

　下図のように、画一的で均質な支援ではなく、一人ひとりの子どもに合わせたオーダーメイドの支援を行うことで、結果的に全員の過ごしやすさの程度が同じになります。

　このような「公平」な支援を行うには、「どうすればみんなで楽しく、安心して学習に取り組めるかな?」という視点が大切です。そして、その出発点になるのは、子どもの特性は十人十色だということへの理解です。

　読み書きへの支援においても、お子さんの多様な特性に合わせてオーダーメイドの学習方法を模索する必要があると考えます。

支援なし	平等（equality）	公平（equity）

	（支援が同じ）	（過ごしやすさが同じ）

参考：大阪府教育センター（2015）
※本コラムは高畑ら（2019, p30）を一部改変して転載したものです

評 価 紹 介

スクリーニング検査

●ひらがな音読検査 (稲垣ら, 2010)

　ひらがな音読の正確性・流暢性を評価する検査です。「単音連続読み（50字）」「有意味語速読（30語）」「無意味語速読（30語）」「単文音読（3文）」から構成されています。本検査が記載されている「特異的発達障害─診断と治療のための実践ガイドライン─」には「読み書きに関する臨床症状チェックリスト」も記載されており、併せて使用することで、発達性読み書き障害の可能性を大まかに見積もることができます。所用時間は約10分です。対象年齢は小学1年生から6年生です。

●改訂版 標準 読み書きスクリーニング検査 (STRAW-R) (宇野ら, 2017)

　ひらがな、カタカナ、漢字の読み書き到達度を評価する検査です。「平仮名1文字」「カタカナ1文字」「ひらがな単語」「カタカナ単語」「漢字単語の音読と書き取り」「平仮名単語・非語」「カタカナ単語・非語」「漢字・かな混じり文章」「漢字の音読課題（小1〜中2）」「中学生用の漢字単語の音読と書き取り課題」などから構成されています。小学1年生から高校3年生までの学年別の音読所要時間の平均値と標準偏差、誤反応数、読み書き正確度が示されています。

●Kaufman Assessment Battery for Children Second Edition (KABC-Ⅱ)
(Kaufman & Kaufman, 2004〈日本版KABC-Ⅱ制作委員会 訳〉, 2013)

　K-ABC Ⅱは、認知処理の発達水準を調べる認知検査（4尺度、10下位検査）と学力の基礎となる知識・技能の獲得水準を調べる習得検査（4尺度、9下位検査）から構成されています。読み書きの評価に該当するのは、習得検査における「読み尺度」と「書き尺度」です。本検査は、全体的な認知発達の水準に対して、読み書きがどの程度できるのかを評価することができます。ただし、全検査を実施すると2〜3時間程度かかります。対象年齢は、2歳6ヶ月〜18歳11ヶ月です。

●小中学生の読み書きの理解 (URAWSSⅡ) (河野ら, 2017)

　読みと書きの流暢性を評価する検査です。「読み課題」と「書き課題」から構成されています。本検査は、読み書きの速度、内容理解の程度を評価することができ、同時に評価結果に応じた支援の手引きも備えつけられています。所要時間は約20分です。読み課題に関しては、小学1年生から5年生までの学年別読み速度の平均値と標準偏差が示されています。書き課題に関しては、小学1年生から中学3年生までの学年別の書字速度の平均値と標準偏差が示されています。

●包括的領域別読み能力検査 (CARD) (玉井ら, 2017)

　読み能力を包括的・領域別に評価する検査です。「ことばの問題」と「文の問題」の2つの冊子から検査が構成されています。本検査は、読字の発達過程に沿って「文字・単語」の下位プロセスと「文・文章」の上位プロセスに分けて評価する点が特徴的です。所用時間は約75〜90分です。対象年齢は、小学校1年生〜6年生です。

視覚関連機能

●NSUCO (Northeastern State University College of Optometry Oculomotor Test)
(Maples & Ficklin, 1988)

　直接観察法により眼球運動を評価する検査です。追従眼球運動と衝動性眼球運動の2種類の眼球運動検査からなり、それぞれ「能力」「正確さ」「頭の動き」「体の動き」の4つの得点が算出されます。

米国のオプトメトリスト W.C.Maples により開発された眼球運動検査で、奥村ら（2010）によって邦訳されました。所用時間は約5分です。対象年齢は、5歳0ヶ月〜14歳11ヶ月です。

● DEM（Developmental Eye Movement Test）(Tassinari & DeLand, 2005)
　眼球運動の正確性を評価する検査です。数字列の音読課題であり、Test A・B・Cの3種類から構成されています。Test A と Test B は等間隔に並んだ40字の数字列を縦方向に音読する課題で、Test C はランダムな間隔で並んだ80字の数字列を横方向に音読する課題です。米国では広く使用されている眼球運動検査で、奥村ら（2010）によって邦訳されました。所用時間は約5分です。対象年齢は6歳〜13歳11ヶ月です。

● WAVES（Wide-range Assessment of Visual-relation Essenntial Skills）(奥村＆三浦, 2014)
　視知覚・視覚認知を包括的に評価する検査です。基本検査9種および補助検査1種（補助検査内に4つの下位項目があります）で構成されています。各検査の評価点と4つの視覚関連スキルを示す指数（視知覚指数、目と手の協応全般指数、目と手の協応正確性指数、視知覚 ＋目と手の協応指数）が算出されます。その検査名の通り Wide-range（広範囲）に視覚関連機能を評価できるため、有用性が高い検査といえます。所用時間は60〜70分です。対象年齢は小学校1年生〜6年生です。

聴覚－音韻処理機能

● 読み書き困難児のための音読・音韻処理能力の簡易スクリーニング検査
（ELC：Easy Literacy Check）(加藤ら, 2016)
　音読能力、音韻処理能力を評価する検査です。「短文音読課題」「音韻操作課題」「単語・非語音読課題」から構成されています。本検査は、音韻意識とディコーディングを簡易にチェックできるのが特徴です。所要時間は10〜15分です。対象年齢は小学校2年生〜3年生です。

● Multilayer Instruction Model Progress Monitoring（MIM-PM）(海津, 2010)
　多層指導モデル MIM に含まれており、読み能力の中でも、特に特殊音節を含む単語の正確で素早い読みを評価する検査です。テスト1では、「絵に合うことば探し」（3つの選択肢の中から絵に合う単語に○をつける）、テスト2では、「3つのことば探し」（「ふくろれしきかたち」のような文字列を3つの単語に区切る課題）から構成されています。所用時間は約5分です。対象年齢は小学校1〜2年生です。

小脳関連機能

● Rapid Automatized Naming（RAN）(金子, 2010)(宇野ら, 2017)
　読みの自動化能力を評価する検査です。RAN は線画からなるイラストと数字を、連続的に誤らないようにできるだけ速く呼名（naming）していく課題です。所要時間は約3分です。「改訂版 標準 小学生の読み書きスクリーニング検査（STRAW-R）」の中に、5歳児〜高校3年生までの標準値が示されています。

● JPAN感覚処理・行為機能検査（Japanese Playful Assessment for Neuropsychological Abilities）(日本感覚統合学会, 2011)
　感覚処理や協調運動を評価する検査です。「姿勢・平衡機能」「体性感覚」「行為機能」「視知覚・目と手の協調」の4つの領域から構成されており、合計32の下位検査があります。感覚処理・協調運動を包括的に楽しく（Playfulに）評価できることが特徴です。所用時間は2〜3時間です。対象年齢は4歳から10歳です。

参 考 文 献

ページ	文　献
7	中央教育審議会 (2015). チームとしての学校の在り方と今後の改善方策について (答申). http://www.mext.go.jp/b_menu/shingi/chukyo/chukyo0/toushin/1365657.htm
16	Shaywitz,B.A., Shaywitz,S.E., Pugh,K.R., Mencl,W.E., Fulbright,R.K., Skudlarski,P., Constable,R.T., Marchione,K.E., Fletcher,J.M., Lyon,G.R., and Gore,J.C.(2002). Disruption of Posterior Brain Systems for Reading in Children with Developmental Dyslexia. Bio Psychiatry 52,101–110.
17,26	稲垣真澄 (編集代表)，特異的発達障害の臨床診断と治療指針作成に関する研究チーム (編) (2010). 特異的発達障害診断・治療のための実践ガイドライン─わかりやすい診断手順と支援の実際─診断と治療社.
18,36	奥村智人・若宮英司・玉井浩 (監) (2010). 学習につまずく子どもの見る力─視力がよいのに見る力が弱い原因とその支援─明治図書出版.
19	秦野悦子編 (2001)：ことばの発達入門. 大修館書店.
20	窪島務 (2005). 読み書きの苦手を克服する子どもたち─「学習障害」概念の再構築─文理閣
	奥津光佳・高畑脩平・井川典克・浅野紀美江・山口清明 (2019). 読字障害児における姿勢・協調運動・眼球運動の特徴─日本国内における発達性読み書き障害の小脳障害モデルの検討─. 第53回日本作業療法学会抄録集.
	高畑脩平・加藤寿宏・岩坂英巳 (2019). 読字障害児における感覚統合機能の特徴. 日本発達系作業療法学会, 6(1), 47-56.
	Nicolson, R. I., &Fawcett, A. J. (2011). Dyslexia, dysgraphia, procedural learning and the cerebellum. Cortex, 47(1), 117–127.
25	Wechsler, D.(2003). Technical and interpretive manual for WISC-IV (ウェクスラー, D. 日本版 WISC-IV刊行委員会 (編訳) (2010). 日本版 WISC-IV理論・解釈マニュアル　日本文化科学社)
26,46, 60,180	宇野彰・春原則子・金子真人・Taeko N. W.(2017). 改訂版 標準 読み書きスクリーニング検査─正確性と流暢性の評価─インテルナ出版.
26,60, 180	Kaufman, A. S., & Kaufman, N. L. (2004) Kaufman Assessment Battery for Children Second Edition. UK:Pearson.(日本版KABC-Ⅱ制作委員会 (訳) (2013). 日本版KABC-Ⅱマニュアル 丸善出版).
26,60, 180,181	河野俊寛・平林ルミ・中邑賢龍 (2017). 小中学生の読み書き理解─URAWWSⅡ─ataclab.
26,180	玉井浩・奥村智人・川崎聡大・西岡有香・若宮英司・三浦朋子 (2014). CARD包括的領域別読み能力検査ガイドブック スプリングス.
29	後藤多可志・宇野彰・春原則子・金子真人・粟屋徳子・狐塚順子・片野晶子 (2010). 発達性読み書き障害児における視機能・視知覚および視覚認知について. 音声言語医学, 51(1), 38-53.
	Irlen, H. (2005). Reading by the Colors: Overcoming Dyslexia and Other Reading Disabilities Through the Irlen Method. NY:TarcherPerigee.(アーレン, H., 熊谷恵子 (監訳) 稲葉七海 (訳), 尾形雅徳 (訳) (2013). アーレンシンドローム：「色を通して読む」光の感受性障害の理解と対応 金子書房).

ページ	文　献
33	Quevedo-Junyent,L.I.(2010) .Evaluacion de las habilidaes visuales en eldeporte. In Rodríguez,S.V., (Eds.), Visión y deporte,72.
36,180	Maples,W.C.,& Ficklin,T.W.,(1988). Interrater and test-retest reliability of pursuits and saccades. J American Optometry Association.59(7):549-552.
36,181	Tassinari,J.T.,& DeLand,P.,(2005) .Developmental eye movement test reliability and symptomatology.Optometry, 76(7),387-399.
38.	Hammill,D.D.,Pearso,N.A.,& Voress,J.K.(1993). Developmental test of visual perception(2nded).Austin,TX:Pro-Ed.
38,181	竹田契一(監)・奥村智人・三浦朋子.(2014). 見る力を育てるビジョン・アセスメント―WAVESガイドブック― 学研.
40	Dunn, W (1999). The Sensory Profile: User's manual. San Antonio: Psychological Corporation. (辻井正次(監)・萩原拓・岩永竜一郎・伊藤大幸・谷伊織(2015). 日本版感覚プロファイル―ユーザーマニュアル―日本文化科学社).
	原晃, 和田哲郎, 小田恂 (2017). 純音聴力検査. In 日本聴覚医学会(編). 聴覚検査の実際. 改訂4版 南山堂, 48-62.
41,42	細井裕司&山下公一 (2017). 語音聴力検査. In 日本聴覚医学会(編). 聴覚検査の実際. 改訂4版 南山堂, 77-92.
43,181	加藤醇子・安藤壽子・原恵子・縄手雅彦(2016). 読み書き困難児のための音読・音韻処理能力の簡易スクリーニング検査 図書文化.
43	Mattingly, I. G. (1972). Reading, the linguistic process, and linguistic awareness. In Kavanagh,J.F., & Mattingly,I.G., (Eds.), Language by ear and by eye: The relationship between speech and reading. Massachusetts Inst. of Technology P.
44, 181	海津亜希子(2010). 多層指導モデルMIM「読みのアセスメント・指導パッケージ」学研.
46, 181	金子真人(2010). RAN検査の機序と実用性に関する研究. 2009年度科学研究費補助金研究成果報告書.
46	金子真人・宇野彰・春原則子・粟屋徳子(2012). 就学前年長児における就学後の読み困難を予想する確率とその限界. 脳と発達 44(1), 29-34.
47,181	日本感覚統合学会(監)(2011). JPAN 感覚処理行為機能検査 パシフィックサプライ.
48	Barela, J. A., Dias, J. L., Godoi. D., Viana, A. R., & Freitas, P. B.(2011). Postural control and automaticity in dyslexic children: The relationship between visual information and body sway. Research in Developmental Disabilities, 32(5), 1814–1821.
49	Kita, Y., Yamamoto, H., Oba, K., Terasawa, Y., Moriguchi, Y., Uchiyama, H., Seki, A.,...(2013). Altered brain activity for phonological manipulation in dyslexic Japanese children. Brain, 136(12), 3696-3708.
	Tiffin-Richards, M. C., Hasselhorn, M., Richards, ML., Banaschewski, T., Rothenberger, A. (2004) . Time Reproduction in Finger Tapping Tasks by Children with Attention-deficit Hyperactivity Disorder and/or Dyslexia. Dyslexia, 10(4), 299-315.
	高草木薫(2009). 大脳基底核による運動の制御. 臨床神経学, 49(6), 325-334.

ページ	文　献
49	Flaugnacco, E., Lopez, L., Terribili, C., Montico, M., Zoia, S., Schön, D. (2015). Music Training Increases Phonological Awareness and Reading Skills in Developmental Dyslexia: A Randomized Control Trial. PLOS one, 10 (9). https://doi.org/10.1371/journal.pone.0138715.
53	竹下研三 (2011). ことばでつまずく子どもたち―話す・読む・書くの脳科学― 中央法規出版.
53,65	Ogawa, K., Nagai, C., Inui, T. (2010). Brain mechanisms of visuomotor transformation based on deficits in tracing and copying. Japanese Psychological Research , 52 (2), 91–106.
59	田中栄美子・惠羅修吉・馬場広充 (2012). 書き困難の主訴とWISC-IIIの関連性 書き困難の主訴はあるが読み困難の主訴を伴わない子どもの認知的特徴. LD研究, 21 (4), 488-495.
	高橋未央・山下花緒・高橋明子 (2017). WISC-IV知能検査に関する―考察. こども医療センター医学誌, 46 (3), 173-176.
	金岡水帆子 (2016):発達の特徴をしるための心理検査. In加藤醇子 (編):ディスレクシア入門. 83-95.
	中山翼・笠井新一郎・天辰雅子 (2009). 漢字書き取りに困難を示した発達性読み書き障害の一例. 九州保健福祉大学研究紀要, 10, 171- 179.
	粟屋徳子・宇野彰・ 庄司敦子・上林靖子 (2003). 音韻処理能力と視覚情報処理能力の双方に障害を認めた発達性書字障害児の1症例. 小児の精神と神経, 43 (2), 131-138.
61	Feder, K. P. & Majnemer, A. (2003). Children's handwriting evaluation tools and their psychometric properties. Physical and Occupational Therapy Pediatrics, 23 (3), 65-84.
	Li-Tsang, C. W. P, Au, R. K. C., Chan, M. H. Y., Chan, L. W. L., Lau, G. M. T., Lo, T. K. & Leung, H. W. H. (2011) Handwriting characteristics among secondary students with and without physical disabilities: A study with a computerized tool. Research in Developmental Disabilities, 32, 207-216.
	池田千紗・中島そのみ・後藤幸枝・中村祐二・瀧澤聡・仙石泰仁 (2013). 書字の読みやすさの主観的評価と定量的評価の関連及び書字の主観的読みにくさの要因. 日本発達系作業療法学会誌, 2 (1), 39-45.
61,62	平林ルミ・河野俊寛・中邑賢龍 (2010). 小学生の視写における書字行動プロセスの時間分析. 特殊教育学研究, 48 (4), 275-284.
65	柴崎正行 (1987):幼児は平仮名をいかにして覚えるか. 村井純一・森上史郎編. 保育の科学―知っておきたい基本と新しい理論の創造のために. 東京:ミネルヴァ書房.
	石川侑香・谷岡真衣・苅田友則 (2007). 平仮名学習 入門期の書字について―読み・聴写・視写の比較から―. 愛媛大学教育学部紀要, 54 (1), 69-72.
68	Ebied, A. M., Kemp, G. J., Frostick, S. P. (2004). The role of cutaneous sensation in the motor function of the hand. J Orthop Res, 22 (4), 862-866.
	Hepp-Reymond, M. C., Chakarov, V., Schulte-Mönting. J., Huethe, F., Kristeva, R. (2009). Role of proprioception and vision in handwriting. Brain Res Bull, 79 (6), 365-370.
	新庄真帆・加藤寿宏・松島佳苗 (2019). 学童期の書字動作に感覚フィードバックが与える影響. LD研究 28 (2), 241-248.

ページ	文　献
68	Saltz, E., & Dixon, D.(1982). Let's pretend: The role of motoric imagery in memory for sentences and words. Journal of Experimental Child Psychology, 34(1), 77-92.
72	Rhod, P. E. (1990). Developmental Visual Dysfunction: Models for Assessment and Management. AZ:Communication Skill Builders Therapy Skill Builders.(ローズ, P. E. 紀伊克昌(監訳)　井上紫・小室幸芳・鈴木未央・原義晴・森田早紀子・山中恵美(訳)(1997). 視覚機能の発達障害―その評価と援助― 医歯薬出版.
	石垣尚男(2013). 眼球運動トレーニングの読書への効果. 愛知工業大学研究報告, 48, 309-313
93	原恵子(2001). 健常児における音韻意識の発達. 聴能言語学研究, 18(1), 10-18.
94	天野清(1970). 語の音韻構造の分析行為の形成とかな文字の読みの学習. 教育心理学研究, 18(2), 76-89.
105	宇野彰・春原則子・金子真人・後藤多可志・粟屋徳子・狐塚順子(2015). 発達性読み書き障害児を対象としたバイパス法を用いた仮名訓練―障害構造に即した訓練方法と効果および適応に関する症例シリーズ研究―. 音声言語医学, 56(2), 171-179.
110	北田亮(2016). 触覚による物体認識に関わる脳内ネットワーク. 基礎心理学研究, 35(1), 68-71.
124	山口穂高・藤巻吾朗・宮川成門・上田祥輝・吉田宏昭(2017)子どもに適した家庭用家具(学習机・椅子)の設計指針に関する研究(第2報)天板の傾斜角と差尺の組合せの調査. 岐阜県生活技術研究所研究報告, 19, 40-43.
	鈴木哲・平田淳也・大槻桂右・渡邉進(2011)膝当てを取り付けた前傾座面椅子と従来の椅子間における座位時の体幹筋活動と脊椎カーブの比較―2種類の座位姿勢からの検討―. 理学療法科学, 26(2), 263-267.
124,161, 179	加藤寿宏(監修), 高畑脩平・萩原広道・田中佳子・大久保めぐみ(2019). 子ども理解からはじめる感覚統合遊び―保育者と作業療法士のコラボレーション― クリエイツかもがわ.
124, 187	井川典克(監修), 鹿野昭幸・野口翔・ 特定非営利法人はびりす(2019). 凸凹子どもがメキメキ伸びるついでプログラム クリエイツかもがわ.
126	日本産業標準調査会(2011). 学校用家具－教室用机・椅子(JISS1021). (Accessed: 2019/12/26).
	Higgins, E. L., & Raskind, M. H. (2005) The compensatory effectiveness of the Quicktionary Reading Pen II on the reading comprehension of students with learning disabilities. Journal of Special Education Technology, 20, 29-38.
	Milani, A., Lorusso, M. L., & Molteni, M. (2010) The effects of audiobooks on the psychosocial adjustment of preadolescents and adolescents with dyslexia. Dyslexia, 16, 87-97.
179	大阪府教育センター(2015). 連続ミニ講座 第3回 合理的配慮と基礎的環境整備. https://www.osaka-c.ed.jp/blog/edu/center/2015/12/15-075928.html(Accessed: 2019/12/26).

あとがき

　最後まで読んでくださりありがとうございました。本書は、「学習支援の体系化」
を目指して、多職種の専門性をつなぎ、それぞれのアプローチを凝縮した1冊に
なっています。まだまだ粗削りな部分はありますが、アセスメントから支援までの
流れを様々な専門職の視点から整理し、現場の先生方が実際に活用できるように、
執筆者一同力を尽くしたつもりです。

　小学校や放課後等デイサービスに伺うと、現場で出会う先生方から読み書きに関
するご相談をたくさんいただきます。そのたびに、現場の先生方にとってわかりや
すい「実践型の指南書」のようなものがあれば良いなと感じてきました。

　読み書きの難しさの背景には様々な原因があります。その中から特定の問題点を
抽出し、そこに焦点化してアプローチすることは容易ではありません。けれども、
「読み書きが苦手だという事実に気づき、アセスメントし、支援・指導を行う」と
いう一連の流れを体系的に整理することで、現場の先生方が筋道を立てて目の前の
お子さんに向き合うための、ささやかなガイドができるのではないかと考えました。
このような思いを胸に、みんなで力を合わせて本書の作成に臨んできました。

　本書の最大の特徴は、読み書きの問題を系統的に評価するためのフローチャート
を提案し、問題の焦点に合わせた支援プログラムの例を示した点です。当然のこと
ながら、人の機能は複雑で、安易に単純化できるものではありません。それでもな
お、あえて単純化したフローチャートを提案したのは、お子さんの状態を少しでも
見通しよく理解し、適切な支援を届けることができるように、現場の先生方と視点
を共有したかったからです。

　読み書きの難しさの理由は、お子さんによって一人ひとり異なります。このフ
ローチャートを叩き台にして、目の前のお子さんに合わせて適宜修正を加え、オー
ダーメイドの支援・指導につなげていただけると幸いです。

　本書が、読み書きの困難に対峙するすべての先生方に、そして、その先にいるお
子さんやご家族の「過ごしやすさ」に貢献することを切に願っております。

2020年1月

特定非営利活動法人はびりす　作業療法士　奥津光佳

HABILIS SERIES

こどもと家族が人生を描く
発達の地図

山口清明・北島静香・はびりす／著

定価 2,970 円（税込）
B5 判カラー・152 ページ・オールカラー
ISBN978-4-86342-335-0 C0037

こどもと家族の"発達"の物語

理想的な家族像にとらわれた家族の三大お悩み─
「うちの子、何かが違う」「誰もわかってくれない」「私の産み方がわるかった」。
子育てや療育の専門家と相談しても、発達段階ごとの問題が次々とやってくる。
根本的な解決策はいつまでたっても見つからない……。
そこで、子育て家族のべ3万人以上、10万件に近い発達相談を
受けてきたはびりすがつくりあげた『発達の地図』。

凸凹子どもがメキメキ伸びる
ついでプログラム

井川典克／監修

鹿野昭幸・野口翔・はびりす／編著

定価 1,980 円（税込）
A5 判 152 頁・オールカラー
ISBN978-4-86342-275-9 C0037

作業療法士×理学療法士がタッグを組んだ
プログラムで子どもが伸びた！

「発達障がい」と診断される子どもが急増している！
それって本当に「発達障がい」？
「ついで」と運動プログラムを融合した、どんなズボラさんでも成功する
家で保育園で簡単にできる習慣化メソッド！

HABILIS
はびりす

すべての人には

　私たちがめざすのは幸福追求産業です。私たちは条件つきの愛や評価には、毅然とNOを突きつけます。なぜなら、人は生まれながらにして無条件の素晴らしい価値、すなわちGIFTを持っているからです。

　中には機能的な問題でできないこともあるかもしれません。でも、私たちは障がいがあっても病気があっても、外見的な凸凹も内面的な凸凹も、全部ひっくるめて、その人の「味わい深さ」だととらえています。その「味わい深さ」を生かしながら、意味ある活動、すなわち「遊び」に取り組むことで人の命は燃え上がります。勉強も、部活も、仕事も、恋愛も、結婚も、そして育児でさえも「遊び」です。そして、幸福な人生とは「遊び」の延長線上にあるのです。

　だからこそ私たちは、「できないこと」に目を向けるのではなく、「何がしたいのか」を問います。そして、その「したいこと」の実現に向けて、全力で向き合います。それこそが、その人のGIFTを最大限に生かすことだと知っているからです。

　私たちは人間賛歌を高らかに謳います。

私たちは見たいのです。
ハンディキャップのある女の子が、何度も転んでも走り回る姿を。
その姿を見て感動し、励まされる大人たちを。

私たちは見たいのです。
車イスに乗った男の子が、大好きな女の子をデートに誘うのを。
「あの子も恋をしていいのね」とほほ笑むお母さんの横顔を。

私たちは見たいのです。
「私たち、こんなに幸せでいいのかな？」と問いかける家族の笑顔を。
「もう自分たちでやっていけるよね」と力強く出ていく子どもの姿を。

「障がい」とは、やりたいことがやりたいようにできないことを指します。
そこにはハンディキャップの有無や軽重は関係ありません。
人はみな、自分の好きなことに自分の好きなやり方で
没頭する権利があるのです。
そして、自分らしさを謳歌しながら生きる権利があるのです。

私たちは、これらの権利を侵す社会的問題を
解消することに全力をつくします。

GIFTがある

PROFILE

監　修／井川典克（いかわ のりかつ）　　いかわクリニック院長（医師）
編　著／高畑脩平（たかはた しゅうへい）　藍野大学医療保健学部
　　　　　　　　　　　　　　　　　　　　特定非営利活動法人はびりす理事（作業療法士）

　　　　奥津光佳（おくつ みつよし）　　　特定非営利活動法人はびりす（作業療法士）
　　　　萩原広道（はぎはら ひろみち）　　大阪大学大学院人間科学研究科
　　　　　　　　　　　　　　　　　　　　（作業療法士／公認心理師）

　　　　特定非営利活動法人はびりす　　　〒503-0936　岐阜県大垣市内原一丁目168番地1
　　　　　　　　　　　　　　　　　　　　Tel. 0584-84-3800　Fax. 0584-84-3801
　　　　　　　　　　　　　　　　　　　　URL. https://habilis-group.com/

執　筆／浅野紀美江　青木眼科クリニック（視能訓練士）
　　　　松谷真由美　なんとカンファレンス（保護者）

編集アドバイザー／山口清明　特定非営利活動法人はびりす代表理事（作業療法士）
　　　　　　　　　塙　杉子　名古屋女子大学医療科学部（作業療法士）
　　　　　　　　　松尾　朗　白鳳短期大学（言語聴覚士）
　　　　　　　　　松本康志　Joy Vision奈良（Marshall B. Ketchum University,
　　　　　　　　　　　　　　　　　　　　　　オプトメトリー課程修了）

モデル：浅野紗名　撮影および掲載への協力を心より感謝いたします。

みんなでつなぐ読み書き支援プログラム
フローチャートで分析、子どもに応じたオーダーメイドの支援

2020年 2 月29日　初版発行
2024年12月20日　第 8 刷発行

監　修● 井川典克
編　著●ⓒ高畑脩平、奥津光佳、萩原広道、特定非営利活動法人はびりす
発行者●田島英二　info@creates-k.co.jp
発行所●株式会社 クリエイツかもがわ
　　　　〒601-8382 京都市南区吉祥院石原上川原町21
　　　　電話 075(661)5741　FAX 075(693)6605
　　　　http://www.creates-k.co.jp
　　　　郵便振替　00990-7-150584
イラスト●ホンマヨウヘイ
デザイン●菅田　亮
印 刷 所●モリモト印刷株式会社
ISBN978-4-86342-276-6 C0037　printed in japan

子ども理解からはじめる感覚統合遊び
保育者と作業療法士のコラボレーション

加藤寿宏／監修　高畑脩平・萩原広道・田中佳子・大久保めぐみ／編著

保育者と作業療法士がコラボして、保育・教育現場で見られる子どもの気になる行動を、感覚統合のトラブルの視点から10タイプに分類。その行動の理由を理解、支援の方向性を考え、集団遊びや設定を紹介。　　　　　　　　　　　　　1980円

乳幼児期の感覚統合遊び　保育士と作業療法士のコラボレーション

加藤寿宏／監修　高畑脩平・田中佳子・大久保めぐみ／編著

「ボール遊び禁止」「木登り禁止」など遊び環境の変化で、身体を使った遊びの機会が少なくなったなか、保育士と作業療法士の感覚統合遊びで、子どもたちに育んでほしい力をつける。　　　　　　　　　　　　　　　　　　　　　1760円

学童期の感覚統合遊び　学童保育と作業療法士のコラボレーション

太田篤志／監修　森川芳彦×角野いずみ・豊島真弓×鍋倉功・松村エリ×山本隆／編著

画期的な学童保育指導員と作業療法士のコラボ！
指導員が2ページ見開きで普段の遊びを紹介×作業療法士が2ページ見開きで感覚統合の視点で分析。子どもたちに育んでほしい力をつける！　　　　　　2200円

運動の不器用さがある子どもへのアプローチ
作業療法士が考えるDCD（発達性協調運動症）

東恩納拓也／著

運動の苦手な子どもたちがもっと楽しく生活できるように―基本的な知識から不器用さの捉え方、アプローチの流れとポイント、個別と集団の実践事例。課題の工夫や環境調整など、周りが変わることで子どもの力は十分に発揮できる！　　　　　2200円

子どもと作戦会議CO-OPアプローチ™入門

塩津裕康／著

子どもの「したい！」からはじめよう―CO-OP（コアップ）とは、自分で目標を選び、解決法を発見し、スキル習得を実現する、子どもを中心とした問題解決アプローチ。「できた」をかなえる！カナダで開発されたアプローチを日本で初めて紹介！　2420円

子どもと作業中心の実践OCP　作業療法ガイドブック

シルビア・ロジャー 、アン・ケネディ・バー／編　塩津裕康・三浦正樹／監訳・訳

子どもとOCPの教育・実践をサポートする 唯一の作業療法テキスト！　最新の作業療法理論と研究に根ざした、エビデンスに基づく作業療法実践をガイド。子どもや家族の人生に貢献したいと願う全ての作業療法士・作業療法を学ぶ人に必読の書！　4950円

すべての小中学校に「学校作業療法室」
飛騨市の挑戦が未来を照らす

塩津裕康／監修
大嶋伸雄・都竹淳也・都竹信也・青木陽子・山口清明・奥津光佳／編著

少子高齢化・過疎化が著しい小さな自治体の先駆的挑戦！
心と身体と社会をつなぐ専門家・作業療法士が学校に常駐。教員の負担を減らしながら、発達の悩みに寄り添う学びで「できる」を増やす。　　　　　2200円

https://www.creates-k.co.jp/

あたし研究 自閉症スペクトラム〜小道モコの場合 **1980円**
あたし研究2 自閉症スペクトラム〜小道モコの場合 **2200円**

自閉症スペクトラムの当事者が「ありのままにその人らしく生きられる」社会を願って語りだす─知れば知るほど私の世界はおもしろいし、理解と工夫ヒトツでのびのびと自分らしく歩いていける！

ゾーンを使った情動・行動調節
自分の行動と心をコントロールする力を育むカリキュラム

アメリカの作業療法士が開発！

リア・M・カイパース／著　森由美子／訳

自分の気持ち、注意力・集中力のレベルを、赤・青・緑・黄色の「ゾーン」で可視化し、自分の行動と心を理解する。自分のゾーンを知れば、対処法がわかる。
【ダウンロードワークシート付き】　　　　　　　　　　　　　　　3960円

地域作業療法ガイドブック　子ども編
小林隆司／監修　佐々木将芳・糸山智栄・藤﨑咲子・田中雅美／編著

「学童保育×作業療法士」から始まった地域連携のムーブメント！
いまや保育所・幼稚園、特別支援教育だけでなく通常学校、通信制高校にも、児童館、放課後等デイサービス……。豊富な実践事例をガイドに、あなたも「地域作業療法×多職種連携」に取り組もう！　　　　　　　　　　　　　　　　2640円

「学童保育×作業療法」コンサルテーション入門　地域に出よう！作業療法士
小林隆司／監修　八重樫貴之・佐藤葉子・糸山智栄／編著

子どもの特性、環境、友だち、支援者の関わりをコンサル20事例で学ぶ。
子ども理解と放課後の生活、作業療法コンサル理論入門と実際。これであなたも地域で活躍できる！　　　　　　　　　　　　　　　　　　　　2420円

「届けたい教育」をみんなに　続・学校に作業療法を
仲間知穂・こどもセンターゆいまわる／編著

好評3刷『学校に作業療法を』の続編。「届けたい教育」に焦点を当てた取り組みで、安心して協働する親と先生、自らの学びに参加する子どもたち。人々の生活を健やかで幸せにする沖縄発「学校作業療法」が日本の教育を変える！　　　3080円

学校に作業療法を
「届けたい教育」でつなぐ学校・家庭・地域

仲間知穂・こども相談支援センターゆいまわる／編著

作業療法士・先生・保護者がチームで「子どもに届けたい教育」を話し合い、協働することで、子どもたちが元気になり、教室、学校が変わる。　　　2420円

働く人と「ともに創る」作業療法
元廣　惇・藤井寛幸／著

これまでのベンチャー概念を無視し、多くの方と事業を共創し、地方であることを強みとした作業療法の観点を社会実装する「地域共創型ベンチャー」。
「ともに幸せな未来を描く」ビジョンで、健康経営の文化を創る！　　3300円